不二養生 1-4

유마경 사경
維摩經 寫經

不二養生1-4

維摩經 寫經(유마경 사경)

초판 발행일 2009년 6월 19일

편저 정암
펴낸이 김현회
펴낸곳 도서출판 하늘북
표지 및 본문디자인 김지연
등록 1999년 11월 1일(등록번호 제3000-2003-138)
주소 서울시 종로구 필운동 139-1
전화 02-722-2322, 팩스 02-730-2646
E-mail hanulbook@yahoo.co.kr

ISBN 978-89-46-9 03220

※ 잘못된 책은 교환하여 드립니다.
※ 가격은 뒷면에 있습니다.

선지식(善知識) _____ 님께

마음이 禪 도량이다!

_____ 合掌

菩薩淨土 보살정토

色身法身 색신법신

不二坐禪 불이좌선

直心道場 직심도량

不二養生 1-4

維摩經 寫經
유마경 사경

靜岩 編著

하늘북

유마경 사경공덕
維摩經 寫經功德

선남자 선녀인이여!
유마경을 수지하며 독송하고 사경하면서
불이법문의 이치를 체득하는 선지식은
반드시 호법신장의 보호를 받으면서
불도佛道를 성취하여 세상의 지혜등불이 되리라!

부처님께서 유마경의 수행공덕을 직접 밝히신
유마경 제13품 법공양품에 나오는 말씀입니다.

낭독朗讀 염송念誦하면서
우주법계에 충만한 부처님의 가르침과 계합합니다.

한 글자 한 글자 지극정성 써 내려가는 사경수행에서
우주법계에 충만한 부처님의 법신과 계합합니다.

읽고 쓰고 생각하면서
우주법계에 충만한 부처님의 법성과 계합합니다.

유마경 보살정토편의 사경수행을 통해서
부처와 내가 둘이 아닌 불이정토의 거룩한 원력이 발현됩니다.

유마경 색신법신편의 사경수행을 통해서
몸과 마음이 둘이 아닌 불이법신의 거룩한 원력이 발현됩니다.

유마경 불이좌선편의 사경수행을 통해서
번뇌와 보리가 둘이 아닌 불이정진의 거룩한 원력이 발현됩니다.

유마경 직심도량편의 사경수행을 통해서
생사와 열반이 둘이 아닌 불이도량의 거룩한 원력이 발현됩니다.

지극정성의 거룩한 사경수행으로
업장소멸과 생사해탈의 원력 성취하시길 기원합니다!

2009年 清明

不二方에서 靜岩 敬書

목 차

- 유마경 사경공덕 維摩經 寫經功德 / **6**면
- 유마경 4편 요지 維摩經 四篇 要旨 / **9**면
- 육바라밀 사경수행 六波羅密 寫經修行 / **14**면
- 사경수행 실천방법 寫經修行 實踐方法 / **16**면

1. 보살정토편 사경수행 菩薩淨土篇 寫經修行 / **21**면
   1. 보살정토 경문낭독 菩薩淨土 經文朗讀 / **22**면
   2. 보살정토 경문해석 菩薩淨土 經文解釋 / **26**면
   3. 보살정토 경문사경 菩薩淨土 經文寫經 / **29**면

2. 색신법신편 사경수행 色身法身篇 寫經修行 / **109**면
   1. 색신법신 경문낭독 色身法身 經文朗讀 / **110**면
   2. 색신법신 경문해석 色身法身 經文解釋 / **113**면
   3. 색신법신 경문사경 色身法身 經文寫經 / **116**면

3. 불이좌선편 사경수행 不二坐禪篇 寫經修行 / **169**면
   1. 불이좌선 경문낭독 不二坐禪 經文朗讀 / **170**면
   2. 불이좌선 경문해석 不二坐禪 經文解釋 / **172**면
   3. 불이좌선 경문사경 不二坐禪 經文寫經 / **173**면

4. 직심도량편 사경수행 直心道場篇 寫經修行 / **195**면
   1. 직심도량 경문낭독 直心道場 經文朗讀 / **196**면
   2. 직심도량 경문해석 直心道場 經文解釋 / **199**면
   3. 직심도량 경문사경 直心道場 經文寫經 / **202**면

- 회향게 및 발원문 / **249**면

유마경 4편 요지
維摩經 四篇 要旨

바쁜 생활 속에서도 쉽게 깨달음의 가르침과 함께 노닐 수 있게 《유마경》의 42편 중 4편을 정리해서 사경寫經 책으로 엮었습니다.

《유마경》은 모두 14품으로 구성되어 있습니다. 이것을 수행자가 받아들이기 쉽게 다시 내용별로 더 세분해서 모두 42편으로 나누었습니다.

그중에서 《유마경》에서 밝히고 있는 불이법문의 핵심을 잘 함축하고 있는 이 4편의 경문을 지극정성으로 사경함으로써 생사고해를 초월하여 열반정토에 들어가는 청정한 마음을 성취할 수 있습니다.

마음이 청정하면 세상이 청정하다는 불이법문의 이치를
〈보살정토편〉 사경수행에서 체득하게 됩니다.
보살은 중생을 위해 다양한 정토를 건립합니다.
계율수행 좋아하는 수행자를 환영하는 정토세계
좌선수행 좋아하는 수행자를 환영하는 정토세계
염불수행 좋아하는 수행자를 환영하는 정토세계
경전공부 좋아하는 수행자를 환영하는 정토세계
보시하길 좋아하는 수행자를 환영하는 정토세계
선행하길 좋아하는 수행자를 환영하는 정토세계
사람마다 자신이 좋아하는 수행법이 있습니다.
그 수행법으로 열심히 정진하면 누구나 정토에 태어날 수 있습니다.

〈보살정토편〉을 사경하면서
자신의 수행과 보살의 정토가 서로 상응하는 이치를 체득하게 됩니다.

육신의 무상無常함을 깨우쳐 법신의 여여如如함에 계합하는 불이법문의 이치를
〈색신법신편〉 사경수행에서 체득하게 됩니다.
몸은 언제 병날지 모릅니다.
매일 잘 먹고 잘 자고 잘 보살펴도 끊임없이 늙어갑니다.
몸은 언제 갑작스런 변을 당할지 모릅니다.
세상의 변화를 미리 예측해도 목숨은 어느 한 순간 사라집니다.
이와 같은 육신을 자신의 중심이라 생각하면 삶은 곧 고통입니다.
우리 생명의 중심은 몸이 아닙니다.
몸과 함께 작용하는 의식도 아닙니다.
몸과 의식에 항상 초연한 법신法身이 바로 자신의 중심입니다.
법신은 태어나고 죽음이 없습니다.
나고 죽음과는 무관하게 항상 여여부동如如不動합니다.
법신과 계합된 삶에서 인생무상에 초연한 자재인생을 실현합니다.
법신과 계합된 삶에서 생사윤회에 초연한 보살정토에 들어갑니다.
〈색신법신편〉을 사경하면서
자신의 수행과 여여한 법신이 서로 상응하는 이치를 체득하게 됩니다.

가정 직장 산사 어디에서나 순일하게 정진하는 불이법문의 이치를
〈불이좌선편〉 사경수행에서 체득하게 됩니다.
번뇌를 싫어하면 가정 직장 산사가 모두 시끄러운 곳입니다.
번뇌를 싫어하지 않으면 가정 직장 산사가 정진할 수 있는 곳입니다.

번뇌의 성性이 곧 보리菩提와 다르지 않음을 체득하면,
자신이 있는 곳이 정토이며 자신의 그 모습이 바로 법계法界입니다.
〈불이좌선편〉을 사경하면서
자신의 정진과 주변 환경이 서로 상응하는 이치를 체득하게 됩니다.

법신과 계합되어 자재인생을 실현하고 생사를 해탈하는 불이법문의 이치를
〈직심도량편〉 사경수행에서 체득하게 됩니다.
법신은 청정한 마음인 직심直心에서 계합됩니다.
청정한 마음은 발심發心에서 일깨워집니다.
청정한 마음은 심심深心에서 깊어집니다.
청정한 마음은 보살심菩薩心에서 중생과 함께합니다.
〈직심도량편〉을 사경하면서
자신의 법신과 중생의 법신이 서로 상응하는 이치를 체득하게 됩니다.

《유마경》의 이치를 깊게 체득한 마음에서 사경하면 자신의 안심安心뿐만 아니라 주변 사람을 정토로 인도하는 자리이타의 보살수행력이 함께 향상됩니다.
  입문에서 깊은 이치체득에 이르기까지 체계적으로 성취할 수 있도록 유마경수행 교재가 정리되어 있습니다.
  함께 수행하시면 4편의 이치를 체득하는데 더욱 효과적입니다.

유마경수행 교재
  《유마경》, 《유마경 사전》, 《유마경 강의》 CD, 《유마경 사경》

선禪 수행의 스승이신 혜능대사慧能大士께서 《유마경》 〈광엄동자편〉의 직심도량법문

直心도량법문直心道場法門을 인용引用하여 후학後學을 지도指導하실 때 항상 직심을 도량으로 삼아 정진할 것을 강조하셨습니다.

《유마경》은 유마대사維摩大士께서 사리불舍利弗, 가섭迦葉, 미륵보살彌勒菩薩 등 많은 선지식에게 그들이 지니고 있는 무엇인가의 집착執着에서 벗어날 수 있게 법보시한 불이법문不二法門으로 구성되어 있습니다.

그 중에서 광엄동자에게 직심直心이 바로 도량道場이라는 가르침은 유마경 불이법문不二法門 중에서 가장 핵심核心에 해당합니다. 특히 현대사회現代社會에서 여법如法한 수행修行을 성취成就하려는 선지식善知識이 반드시 체득體得해야 할 법문法門입니다.

직심을 도량으로 삼는다는 것은 자신自身의 본래本來 청정淸淨한 마음을 수행修行하는 환경環境으로 삼는다는 뜻입니다. 이것은 도道를 구할 때 밖의 형상에서 찾지 말라는 가르침입니다. 왜냐하면 일체유심조一切唯心造, 즉 세상 모든 것이 마음으로부터 비롯되지 않은 것이 없기 때문입니다.

그래서 해골에 담긴 물을 마셨던 원효대사께서 오도송을 다음과 같이 읊었습니다.

마음이 일어나니 모든 법이 생겨나고
마음이 사라지니 모든 법이 없어지는구나!
心生則種種法生 心滅則種種法滅
심생즉종종법생 심멸즉종종법멸

이때 마음이란 생각을 뜻합니다.

우리 의식 속에서 생겨나는 끝없는 생각들로 이 세상의 인간사人間事가 끊임없이 이어지고 있습니다.

생겨나고 사라지는 만사만물이 생각으로부터 비롯되어지는 이치를 확연히 깨달으면 이것이 바로 직심이 도량인 여여如如한 정진精進으로 이어지는 수행입니다.

마음의 근원은 직심입니다.
직심을 통해서 법신과 계합합니다.
보살정토와 색신법신 불이좌선은 직심을 일깨우기 위한 가르침입니다.
직심이 바로 도량인, 도량이 바로 직심인, 직심과 도량이 둘이 아닌 불이선경不二禪境에 계합된 삶에서 세상은 밝고 법계는 청정하여 세상사에 초연하면서 생사고해를 해탈한 자재인생을 성취하게 됩니다.

(사경수행 모습)

■ 육바라밀 사경수행 ■
六波羅密　寫經修行

　　육바라밀六波羅密의 수행정신修行精進이 깨어 있는 상태에서 사경하는 경문經文의 이치理致와 계합契合하면서 유마경維摩經의 보살정토菩薩淨土 색신법신色身法身 불이좌선不二坐禪 직심도량直心道場편을 지극정성至極精誠으로 한 글자씩 써 내려가는 환희歡喜의 법열法悅로 생사生死에 초연超然한 자재인생自在人生을 성취成就합니다.

　　육바라밀은 참선수행參禪修行 경전수행經典修行 염불수행念佛修行의 길잡이입니다.
　　육바라밀은 일상생활日常生活의 행주좌와行住坐臥 어묵동정語黙動靜입니다.
　　육바라밀을 징검다리로 삼아 인생무상人生無常의 세상사世上事에서 수연자재隨緣自在합니다.

　　수연자재隨緣自在란 어떤 환경環境 사건事件 변화變化 속에서도 항상 본래면목本來面目과 계합契合한 깨어 있는 맑고 밝은 청정淸淨한 마음을 유지維持하는 삶입니다.

　　육바라밀은 여섯 가지 수행길잡이입니다.
　　보시, 지계, 인욕, 정진, 선정, 지혜입니다.

　　보시布施는 무상불이無相不二의 보시정신布施精神입니다.
　　지계持戒는 무상불이無相不二의 지계정신持戒精神입니다.
　　인욕忍辱은 무상불이無相不二의 인욕정신忍辱精神입니다.

정진精進은 무상불이無相不二의 정진정신精進精神입니다.
선정禪定은 무상불이無相不二의 선정정신禪定精神입니다.
지혜智慧는 무상불이無相不二의 지혜정신智慧精神입니다.

육바라밀의 무상불이정신無相不二精神이 깨어 있는 상태에서 성성적적惺惺寂寂한 일념一念으로 사경寫經했을 때 우리는 우주宇宙와 자아自我가 둘이 아닌, 과거過去 미래未來 현재現在의 삼세三世에 노닐면서 화택고뇌火宅苦惱의 삼계윤회三界輪回를 초월超越한 불이선경不二仙境에서 소요자재逍遙自在하는 환희인생歡喜人生을 성취成就합니다.

육바라밀의 불이정신으로 깨어 있는 마음에서
사경수행의 지혜智慧와 공덕功德은 더욱 향상됩니다!

■ 사경수행 실천방법 ■
寫經修行　實踐方法

1. 사경준비
사경수행 용품을 준비한 다음 반가부좌 또는 결가부좌하고 바르게 앉습니다.

2. 온몸이완
장심을 위로 두 손을 무릎 위에 놓습니다. 만약 사경수행 당시 주변 환경이 덥거나 몸에 열이 있는 경우 장심을 아래로 무릎 위에 놓습니다.

머리에서 발끝까지 온몸을 이완합니다. 이때 호흡이 거칠거나 어깨 목 부위가 잘 이완되지 않는 경우 숨을 비교적 빠르고 크게 아랫배가 들어가고 가슴이 부풀어 오르게 코로 들이마십니다.

그런 다음 3초 내지 8초 동안 멈춰 있다가 입으로 서서히 내쉽니다.

이때 혀끝이 입천장에 가볍게 닿아 있습니다.

숨을 내쉬면서 온몸의 긴장을 이완합니다. 이와 같이 3회 내지 8회 반복합니다.

3. 일심발원
두 손을 가슴 앞에 모아 지그시 눈을 감거나 또는 가볍게 뜨고 다음과 같이 발원합니다.

시방세계 삼보님께 지극정성으로 발원하옵니다.
저의 유마경 사경수행으로

시방세계 모든 중생이 육바라밀의 불이정신을 성취하게 하소서!
시방세계 모든 중생이 생사해탈의 자재인생을 성취하게 하소서!
시방세계 모든 중생이 유마회상의 불이법문을 성취하게 하소서!

4. 경문낭독과 경문해석

한 편의 경문을 지극정성으로 독송 또는 낭독합니다.

낭독할 땐 끊어 읽기에 맞추어 읽습니다.

독송할 땐 음율 흐름에 맞추어 읽습니다.

아랫배[단전]에 기운이 모여 있는 상태에서 낭독 또는 독송합니다.

다시 숨을 들이 마실 때 아랫배에 충분히 들이 마신 다음 다시 읽습니다.

가능한 크게 읽습니다.

이러한 경문낭독 또는 경문독송을 통해서 누구 앞에서나 자신의 생각을 정확히 표현할 수 있고 강의하면서 논리가 분명하게 이어지는 변재의 지혜를 함께 성취합니다.

경문을 낭독 또는 독송하면서 그 이치로 분명하게 깨어 있으면 곧바로 사경수행에 들어갑니다. 그러나 경문을 독송 또는 낭독하면서 아직 뜻에 분명하게 계합되지 않으면 이어서 경문해석을 낭독 또는 독송합니다.

이와 같이 경문낭독 또는 경문해석은 1회 내지 3회 읽습니다.

5. 사경선정

두 손을 장심이 위를 향하게 모아 다리 위에 가볍게 놓습니다.

자신이 방금 독송 또는 낭독했던 음성이 계속 우주법계에 충만하여 있음을 관상觀想합니다.

나와 중생, 나와 부처, 나와 경문, 나와 사경이 둘이 아닌 불이선정不二禪定을 유지하면서 육바라밀 사경수행에 들어갑니다.

5. 육바라밀 사경수행

먼저 보시가 표시되어 있는 한 줄을 경문의 첫 글자부터 마지막 글자까지 지극정성으로 써내려갑니다. 보시가 표시되어 있는 줄을 사경할 때는 보시정신이 깨어 있는 상태에서 지극정성으로 써내려갑니다.

6. 사경수행 회향발원

사경을 마친 다음 다시 합장하고 발원합니다.

시방세계 삼보님께 지극정성으로 발원하옵니다.
저의 유마경 사경수행으로
시방세계 모든 중생이 육바라밀의 불이정신을 성취하게 하소서!
시방세계 모든 중생이 생사해탈의 자재인생을 성취하게 하소서!
시방세계 모든 중생이 유마회상의 불이법문을 성취하게 하소서!

발원을 마치고 다시 선정의 자세를 취합니다.

명상에 들어 몸과 의식을 초월한 상태에서 자신의 사경수행이 원만히 회향하여 모든 중생이 다함께 법열로 충만한 모습의 불이경지에 계합합니다.

같은 방법으로 지계, 인욕, 정진, 선정, 지혜의 공간도 사경합니다.

보시布施
지계持戒
인욕忍辱
정진精進
선정禪定
지혜智慧의 수행정신으로 여섯 번 사경을 마치면

육바라밀의 불이사경 수행력으로 마음과 몸이 깨어 있습니다.

만약 사경 중에 급한 일이 있어 중단할 경우 합장한 다음, 단 일초라도 "사경을 회향합니다!" 발원하고 마무리합니다.

보시에서 지혜까지 여섯 차례 사경수행을 마친 다음 다시 다음과 같이 사유思惟합니다.

무엇이 보시인가?
나의 어떤 행위가 보시인가?
나의 어떤 행위가 법보시가 되고 재물보시가 되는가?

무엇이 지계인가?
나의 어떤 행위가 지계인가?
나의 어떤 행위가 지계가 되고 파계가 되는가?

무엇이 인욕인가?
나의 어떤 행위가 인욕인가?
나의 어떤 행위가 인욕이 되고 무력이 되는가?

무엇이 정진인가?
나의 어떤 행위가 정진인가?
나의 어떤 행위가 정진이 되고 나태가 되는가?

무엇이 선정인가?

나의 어떤 행위가 선정인가?

나의 어떤 행위가 선정이 되고 산란이 되는가?

무엇이 지혜인가?

나의 어떤 행위가 지혜인가?

나의 어떤 행위가 지혜가 되고 망상이 되는가?

사유할 때 일어나는 생각들을 가능한 객관적으로 바라볼 뿐 "바로 이렇구나!" 또는 "이것이 맞다", "저것이 틀리다" 하고 단정하지 않습니다.

왜냐하면 옳다 그르다고 시비是非를 논하면 그 순간 분별의식이 발동하여 그러한 차별현상에 집착하면서 그것이 마치 진실인양 고정관념으로 의식 속에 굳어지게 되기 때문입니다.

사유의 목적은 의식정화에 있습니다.

의식정화는 무심無心에서 이루어집니다.

무심은 분별이 없는 마음인 무분별심無分別心을 뜻합니다.

그러나 처음 사유에서 무심의 경지에 노닌다는 것이 쉽지 않습니다.

반복되는 사유에서 서서히 무심의 경지와 계합합니다.

〈보살정토편〉의 여섯 차례 사경수행을 모두 마친 다음 〈색신법신편〉의 사경수행에 들어갑니다.

이와 같이 〈불이좌선편〉, 〈직심도량편〉까지 지극한 마음으로 사경합니다.

1

보살정토편 사경수행
菩薩淨土篇 寫經修行

1. 보살정토 경문낭독 菩薩淨土 經文朗讀

爾時, 長者子 寶積 說 此偈 已, 白佛言:「世尊! 是 五百 長者子,
이시, 장자자 보적 설 차게 이, 백불언: 세존! 시 오백 장자자,

皆 已 發 阿耨多羅 三藐三菩提心, 願 聞 得 佛國土 清淨,
개 이 발 아뇩다라 삼먁삼보리심, 원 문 득 불국토 청정,

唯願 世尊 說 諸 菩薩 淨土 之 行°」
유원 세존 설 제 보살 정토 지 행°

佛言:「善哉, 寶積! 乃 能 爲 諸 菩薩 問 於 如來 淨土 之 行°
불언: 선재, 보적! 내 능 위 제 보살 문 어 여래 정토 지 행°

諦聽 諦聽! 善 思念 之, 當 爲 汝 說°」
제청 제청! 선 사염 지, 당 위 여 설°

於是, 寶積 及 五百 長者子 受教 而 聽°
어시, 보적 급 오백 장자자 수교 이 청°

佛言:「寶積! 衆生 之 類 是 菩薩 佛土°所以者何?
불언: 보적! 중생 지 류 시 보살 불토°소이자하?

菩薩 隨所 化 衆生 而 取 佛土 ; 隨所 調伏 衆生 而 取 佛土 ;
보살 수소 화 중생 이 취 불토 ; 수소 조복 중생 이 취 불토 ;

隨 諸 衆生 應 以 何國 入 佛智慧 而 取 佛土 ;
수 제 중생 응 이 하국 입 불지혜 이 취 불토 ;

隨 諸 衆生 應 以 何國 起 菩薩根 而 取 佛土°所以者何?
수 제 중생 응 이 하국 기 보살근 이 취 불토°소이자하?

菩薩 取 於 淨國, 皆 爲 饒益 諸 衆生 故°
보살 취 어 정국, 개 위 요익 제 중생 고°

譬如 有人 欲 於 空地 造立 宮室, 隨意 無礙, 若 於 虛空, 終 不能 成。
비여 유인 욕 어 공지 조립 궁실, 수의 무애, 약 어 허공, 종 부능 성。

菩薩 如是 爲 成就 衆生 故, 願 取 佛國, 願 取 佛國 者, 非 於 空 也。
보살 여시 위 성취 중생 고, 원 취 불국, 원 취 불국 자, 비 어 공 야。

寶積! 當知, 直心 是 菩薩 淨土, 菩薩 成佛 時, 不諂 衆生 來生 其國;
보적! 당지, 직심 시 보살 정토, 보살 성불 시, 불첨 중생 래생 기국;

深心 是 菩薩 淨土, 菩薩 成佛 時, 具足 功德 衆生 來生 其國;
심심 시 보살 정토, 보살 성불 시, 구족 공덕 중생 래생 기국;

菩提心 是 菩薩 淨土, 菩薩 成佛 時, 大乘 衆生 來生 其國;
보리심 시 보살 정토, 보살 성불 시, 대승 중생 래생 기국;

布施 是 菩薩 淨土, 菩薩 成佛 時, 一切 能捨 衆生 來生 其國;
보시 시 보살 정토, 보살 성불 시, 일체 능사 중생 래생 기국;

持戒 是 菩薩 淨土, 菩薩 成佛 時, 行 十善道 滿願 衆生 來生 其國;
지계 시 보살 정토, 보살 성불 시, 행 십선도 만원 중생 래생 기국;

忍辱 是 菩薩 淨土, 菩薩 成佛 時, 三十二相 莊嚴 衆生 來生 其國;
인욕 시 보살 정토, 보살 성불 시, 삼십이상 장엄 중생 래생 기국;

精進 是 菩薩 淨土, 菩薩 成佛 時, 勤修 一切 功德 衆生 來生 其國;
정진 시 보살 정토, 보살 성불 시, 근수 일체 공덕 중생 래생 기국;

禪定 是 菩薩 淨土, 菩薩 成佛 時, 攝心 不亂 衆生 來生 其國;
선정 시 보살 정토, 보살 성불 시, 섭심 불란 중생 래생 기국;

智慧 是 菩薩 淨土, 菩薩 成佛 時, 正定 衆生 來生 其國;
지혜 시 보살 정토, 보살 성불 시, 정정 중생 래생 기국;

四無量心 是 菩薩 淨土, 菩薩 成佛 時, 成就 慈悲喜捨 衆生 來生 其國;
사무량심 시 보살 정토, 보살 성불 시, 성취 자비희사 중생 래생 기국;

四攝法 是 菩薩 淨土, 菩薩 成佛 時, 解脫 所攝 衆生 來生 其國;
사섭법 시 보살 정토, 보살 성불 시, 해탈 소섭 중생 래생 기국;

方便 是 菩薩 淨土, 菩薩 成佛 時, 於 一切法 方便 無礙 衆生 來生 其國;
방편 시 보살 정토, 보살 성불 시, 어 일체법 방편 무애 중생 래생 기국;

三十七品 是 菩薩 淨土, 菩薩 成佛 時,
삼십칠품 시 보살 정토, 보살 성불 시,

念處 正勤 神足 根 力 覺 道 衆生 來生 其國;
염처 정근 신족 근 력 각 도 중생 래생 기국;

迴向心 是 菩薩 淨土, 菩薩 成佛 時, 得 一切 具足 功德 國土;
회향심 시 보살 정토, 보살 성불 시, 득 일체 구족 공덕 국토;

說除 八難 是 菩薩 淨土, 菩薩 成佛 時, 國土 無有 三惡 八難;
설제 팔난 시 보살 정토, 보살 성불 시, 국토 무유 삼악 팔난;

自守 戒行 不譏 彼闕 是 菩薩 淨土, 菩薩 成佛 時, 國土 無有 犯禁 之 名;
자수 계행 불기 피궐 시 보살 정토, 보살 성불 시, 국토 무유 범금 지 명;

十善 是 菩薩 淨土, 菩薩 成佛 時, 命 不 中夭, 大富 梵行, 所言 誠諦,
십선 시 보살 정토, 보살 성불 시, 명 불 중요, 대부 범행, 소언 성제,

常 以 軟語, 眷屬 不離 善和 諍訟, 言 必 饒益,
상 이 연어, 권속 불리 선화 쟁송, 언 필 요익,

不嫉 不恚 正見 衆生 來生 其國。
부질 불에 정견 중생 래생 기국。

如是, 寶積! 菩薩 隨 其 直心, 則 能 發行; 隨 其 發行, 則 得 深心;
여시, 보적! 보살 수 기 직심, 즉 능 발행; 수 기 발행, 즉 득 심심;

隨 其 深心, 則 意 調伏; 隨 意 調伏, 則 如 說行;
수 기 심심, 즉 의 조복; 수 의 조복, 즉 여 설행;

隨 如 說行, 則 能 迴向; 隨 其 迴向, 則 有 方便;
수 여 설행, 즉 능 회향; 수 기 회향, 즉 유 방편;

隨 其 方便, 則 成就 衆生; 隨 成就 衆生, 則 佛土 淨;
수 기 방편, 즉 성취 중생; 수 성취 중생, 즉 불토 정;

隨 佛土 淨, 則 說法 淨 ; 隨 說法 淨, 則 智慧 淨 ;
수 불토 정, 즉 설법 정 ; 수 설법 정, 즉 지혜 정 ;

隨 智慧 淨, 則 其 心 淨 ; 隨 其 心 淨, 則 一切 功德 淨 °是故, 寶積!
수 지혜 정, 즉 기 심 정 ; 수 기 심정, 즉 일체 공덕 정 °시고, 보적!

若 菩薩 欲得 淨土, 當 淨 其 心, 隨 其 心 淨, 則 佛土 淨 °」
약 보살 욕득 정토, 당 정 기 심, 수 기 심정, 즉 불토 정 °

②. 보살정토 경문해석 菩薩淨土 經文解釋

보적은 게송을 마치고 부처님께 말씀드렸습니다.

"부처님이시여, 이 오백 명의 장자의 아들들은 이미 아뇩다라삼먁삼보리심阿耨多羅三藐三菩提을 발하였습니다. 저희는 불국토佛國土의 청정에 대해 가르침을 받고자합니다. 바라옵건대 보살菩薩의 정토지행淨土之行에 대한 가르침을 베푸소서!"

부처님께서 말씀하셨습니다.

"착한 생각이구나! 그대가 여러 보살들을 위해 여래의 정토지행을 물었구나. 잘 듣고 사유思惟하여라. 그대들을 위해 말하리라. 중생이 곧 보살의 정토이니라. 왜냐하면, 보살은 중생을 교화하고 조복하는 바에 따라 정토를 취하기 때문이다.

보살은 중생이 어떤 나라를 통해 부처님의 지혜에 들어가려고 하는지에 따라 정토를 취하기 때문이다. 보살은 어떤 나라를 통해서 보살근菩薩根을 일으키는지에 따라 정토를 취하기 때문이다.

보살이 청정한 불국토를 취하는 것은 모두 중생을 이롭게 하기 위함이다.

비유컨대 어떤 사람이 빈 땅에 집을 지으려고 하면 아무런 장애 없이 지을 수 있지만 만약에 허공에 집을 지으려고 하면 결국 성공하지 못할 것이다.

이와 같이 보살은 허공이 아닌 중생이 살고 있는 곳에 정토를 건립하는 것이다.

보적이여, 마땅히 알아야 하느니라.

직심直心이 곧 보살정토이니 보살이 성불할 때 아첨하지 않는 소박한 중생이 그 나라에 와서 태어난다.

심심深心이 곧 보살정토이니 보살이 성불할 때 공덕을 갖춘 중생이 그 나라에 와서 태어난다.

보리심菩提心이 곧 보살정토이니 보살이 성불할 때 큰마음을 일깨운 중생이 그 나라에 와서 태어난다.

보시布施가 곧 보살정토이니 보살이 성불할 때 집착하지 않고 베풀 줄 아는 중생이 그 나라에 와서 태어난다.

지계持戒가 곧 보살정토이니 보살이 성불할 때 십선도十善道를 닦아 원력이 원만한 중생이 그 나라에 와서 태어난다.

인욕忍辱이 곧 보살정토이니 보살이 성불할 때 삼십이상三十二相으로 장엄한 중생이 그 나라에 와서 태어난다.

정진精進이 곧 보살정토이니 보살이 성불할 때 부지런히 일체공덕을 닦는 중생이 그 나라에 와서 태어난다.

선정禪定이 곧 보살정토이니 보살이 성불할 때 마음을 모아 어지럽지 아니한 중생이 그 나라에 와서 태어난다.

지혜智慧가 곧 보살정토이니 보살이 성불할 때 마음을 가다듬은 중생이 그 나라에 와서 태어난다.

사무량심四無量心이 곧 보살정토이니 보살이 성불할 때 자비희사慈悲喜捨를 성취한 중생이 그 나라에 와서 태어난다.

사섭법四攝法이 곧 보살정토이니 보살이 성불할 때 해탈을 얻은 중생이 그 나라에 와서 태어난다.

방편方便이 곧 보살정토이니 보살이 성불할 때 모든 법의 방편이 무애無碍한 중생이 그 나라에 와서 태어난다.

삼십칠도품三十七道品이 곧 보살정토이니 보살이 성불할 때 사념처四念處, 사정근四正勤, 사신족四神足, 오근五根, 오력五力, 칠각지七覺地, 팔정도八正道를 닦은 중생이 그 나라에 와서 태어난다.

회향심回向心이 곧 보살정토이니 보살이 성불할 때 온갖 공덕이 구족된 나라를 얻게 된다.

　팔난八難을 없애는 것이 곧 보살정토이니 보살이 성불할 때 수행에 방해되는 여덟 가지 어려움과 삼악도가 없다.

　스스로 계행戒行을 잘 지키면서 다른 사람의 잘못을 비방하지 않는 것이 곧 보살정토이니 보살이 성불할 때 이 나라에 죄 지을 사람이 없다.

　십선十善을 닦는 것이 곧 보살정토이니 보살이 성불할 때 이곳에 태어나는 사람은 단명하거나 횡사하지 않으며 부자가 되고 행실이 청정하여 언제나 정성스러운 말만 하며 권속이 헤어지지 않고 다툼을 잘 화해시키며 유익한 말만 하여 질투하거나 화내지 않는 정견正見의 중생이 그 나라에 와서 태어난다.

　　보적이여, 이와 같이 보살은
　　직심直心에 따라 능히 발심하며
　　발심發心하는 만큼 심심을 얻게 되고
　　심심深心의 정도에 따라 마음이 조복되며
　　마음이 조복調伏되는 만큼 말한 대로 행동하게 되고
　　말한 대로 행동함에 따라 중생을 위해 회향할 수 있으며
　　중생을 위해 회향回向하는 만큼 방편이 있게 되고
　　방편方便이 있는 만큼 중생을 성취시키며
　　중생을 성취시키는 만큼 불국토가 청정해지고
　　불국토佛國土가 청정해짐에 따라 설법이 청정해지며
　　설법說法이 청정해지면 지혜가 청정해지고
　　지혜智慧가 청정해짐에 따라 일체공덕一切功德이 청정해진다.
　　그러므로 만약에 보살이 정토를 얻고자 하면 마땅히 마음이 청정해야한다.
　　마음이 청정함에 따라 불국토가 청정淸淨하기 때문이다."

3. 보살정토 경문사경 菩薩淨土 經文寫經

	布施	持戒	忍辱	精進	禪定	智慧
爾	爾	爾	爾			
時	時	時	時			
長	長	長	長			
者	者	者	者			
子	子	子	子			
寶	寶	寶	寶			
積	積	積	積			
說	說	說	說			
此	此	此	此			
偈	偈	偈	偈			
	보시	지계	인욕	정진	선정	지혜

	布施	持戒	忍辱	精進	禪定	智慧
已	已	已	已			
白	白	白	白			
佛	佛	佛	佛			
言	言	言	言			
世	世	世	世			
尊	尊	尊	尊			
是	是	是	是			
五	五	五	五			
百	百	百	百			
長	長	長	長			
	보시	지계	인욕	정진	선정	지혜

	布施	持戒	忍辱	精進	禪定	智慧
者	者	者	者			
子	子	子	子			
皆	皆	皆	皆			
已	已	已	已			
發	發	發	發			
阿	阿	阿	阿			
耨	耨	耨	耨			
多	多	多	多			
羅	羅	羅	羅			
三	三	三	三			
	보시	지계	인욕	정진	선정	지혜

	布施	持戒	忍辱	精進	禪定	智慧
藐	藐	藐	藐			
三	三	三	三			
菩	菩	菩	菩			
提	提	提	提			
心	心	心	心			
願	願	願	願			
聞	聞	聞	聞			
得	得	得	得			
佛	佛	佛	佛			
國	國	國	國			
	보시	지계	인욕	정진	선정	지혜

	布施	持戒	忍辱	精進	禪定	智慧
土	土	土	土			
清	清	清	清			
淨	淨	淨	淨			
唯	唯	唯	唯			
願	願	願	願			
世	世	世	世			
尊	尊	尊	尊			
說	說	說	說			
諸	諸	諸	諸			
菩	菩	菩	菩			
	보시	지계	인욕	정진	선정	지혜

	布施	持戒	忍辱	精進	禪定	智慧
薩	薩	薩	薩			
淨	淨	淨	淨			
土	土	土	土			
之	之	之	之			
行	行	行	行			
佛	佛	佛	佛			
言	言	言	言			
善	善	善	善			
哉	哉	哉	哉			
寶	寶	寶	寶			
	보시	지계	인욕	정진	선정	지혜

	布施	持戒	忍辱	精進	禪定	智慧
積	積	積	積			
乃	乃	乃	乃			
能	能	能	能			
爲	爲	爲	爲			
諸	諸	諸	諸			
菩	菩	菩	菩			
薩	薩	薩	薩			
問	問	問	問			
於	於	於	於			
如	如	如	如			
	보시	지계	인욕	정진	선정	지혜

	布施	持戒	忍辱	精進	禪定	智慧
來	來	來	來			
淨	淨	淨	淨			
土	土	土	土			
之	之	之	之			
行	行	行	行			
諦	諦	諦	諦			
聽	聽	聽	聽			
諦	諦	諦	諦			
聽	聽	聽	聽			
善	善	善	善			
	보시	지계	인욕	정진	선정	지혜

	布施	持戒	忍辱	精進	禪定	智慧
思	思	思	思			
念	念	念	念			
之	之	之	之			
當	當	當	當			
爲	爲	爲	爲			
汝	汝	汝	汝			
說	說	說	說			
於	於	於	於			
是	是	是	是			
寶	寶	寶	寶			
	보시	지계	인욕	정진	선정	지혜

	布施	持戒	忍辱	精進	禪定	智慧
積	積	積	積			
及	及	及	及			
五	五	五	五			
百	百	百	百			
長	長	長	長			
者	者	者	者			
子	子	子	子			
受	受	受	受			
教	教	教	教			
而	而	而	而			
	보시	지계	인욕	정진	선정	지혜

	布施	持戒	忍辱	精進	禪定	智慧
聽	聽	聽	聽			
佛	佛	佛	佛			
言	言	言	言			
寶	寶	寶	寶			
積	積	積	積			
眾	眾	眾	眾			
生	生	生	生			
之	之	之	之			
類	類	類	類			
是	是	是	是			
	보시	지계	인욕	정진	선정	지혜

	布施	持戒	忍辱	精進	禪定	智慧
菩	菩	菩	菩			
薩	薩	薩	薩			
佛	佛	佛	佛			
土	土	土	土			
所	所	所	所			
以	以	以	以			
者	者	者	者			
何	何	何	何			
菩	菩	菩	菩			
薩	薩	薩	薩			
	보시	지계	인욕	정진	선정	지혜

	布施	持戒	忍辱	精進	禪定	智慧
隨	隨	隨	隨			
所	所	所	所			
化	化	化	化			
衆	衆	衆	衆			
生	生	生	生			
而	而	而	而			
取	取	取	取			
佛	佛	佛	佛			
土	土	土	土			
隨	隨	隨	隨			
	보시	지계	인욕	정진	선정	지혜

1. 보살정토편

	布施	持戒	忍辱	精進	禪定	智慧
所	所	所	所			
調	調	調	調			
伏	伏	伏	伏			
衆	衆	衆	衆			
生	生	生	生			
而	而	而	而			
取	取	取	取			
佛	佛	佛	佛			
土	土	土	土			
隨	隨	隨	隨			
	보시	지계	인욕	정진	선정	지혜

	布施	持戒	忍辱	精進	禪定	智慧
諸	諸	諸	諸			
眾	眾	眾	眾			
生	生	生	生			
應	應	應	應			
以	以	以	以			
何	何	何	何			
國	國	國	國			
入	入	入	入			
佛	佛	佛	佛			
智	智	智	智			
	보시	지계	인욕	정진	선정	지혜

1. 보살정토편

	布施	持戒	忍辱	精進	禪定	智慧
慧	慧	慧	慧			
而	而	而	而			
取	取	取	取			
佛	佛	佛	佛			
土	土	土	土			
隨	隨	隨	隨			
諸	諸	諸	諸			
眾	眾	眾	眾			
生	生	生	生			
應	應	應	應			
	보시	지계	인욕	정진	선정	지혜

	布施	持戒	忍辱	精進	禪定	智慧
以	以	以	以			
何	何	何	何			
國	國	國	國			
起	起	起	起			
菩	菩	菩	菩			
薩	薩	薩	薩			
根	根	根	根			
而	而	而	而			
取	取	取	取			
佛	佛	佛	佛			
	보시	지계	인욕	정진	선정	지혜

	布施	持戒	忍辱	精進	禪定	智慧
土	土	土	土			
所	所	所	所			
以	以	以	以			
者	者	者	者			
何	何	何	何			
菩	菩	菩	菩			
薩	薩	薩	薩			
取	取	取	取			
於	於	於	於			
淨	淨	淨	淨			
	보시	지계	인욕	정진	선정	지혜

	布施	持戒	忍辱	精進	禪定	智慧
國	國	國	國			
皆	皆	皆	皆			
爲	爲	爲	爲			
饒	饒	饒	饒			
益	益	益	益			
諸	諸	諸	諸			
衆	衆	衆	衆			
生	生	生	生			
故	故	故	故			
譬	譬	譬	譬			
	보시	지계	인욕	정진	선정	지혜

	布施	持戒	忍辱	精進	禪定	智慧
如	如	如	如			
有	有	有	有			
人	人	人	人			
欲	欲	欲	欲			
於	於	於	於			
空	空	空	空			
地	地	地	地			
造	造	造	造			
立	立	立	立			
宮	宮	宮	宮			
	보시	지계	인욕	정진	선정	지혜

	布施	持戒	忍辱	精進	禪定	智慧
室	室	室	室			
隨	隨	隨	隨			
意	意	意	意			
無	無	無	無			
礙	礙	礙	礙			
若	若	若	若			
於	於	於	於			
虛	虛	虛	虛			
空	空	空	空			
終	終	終	終			
	보시	지계	인욕	정진	선정	지혜

	布施	持戒	忍辱	精進	禪定	智慧
不	不	不	不			
能	能	能	能			
成	成	成	成			
菩	菩	菩	菩			
薩	薩	薩	薩			
如	如	如	如			
是	是	是	是			
爲	爲	爲	爲			
成	成	成	成			
就	就	就	就			
	보시	지계	인욕	정진	선정	지혜

	布施	持戒	忍辱	精進	禪定	智慧
衆	衆	衆	衆			
生	生	生	生			
故	故	故	故			
願	願	願	願			
取	取	取	取			
佛	佛	佛	佛			
國	國	國	國			
願	願	願	願			
取	取	取	取			
佛	佛	佛	佛			
	보시	지계	인욕	정진	선정	지혜

1. 보살정토편

	布施	持戒	忍辱	精進	禪定	智慧
國	國	國	國			
者	者	者	者			
非	非	非	非			
於	於	於	於			
空	空	空	空			
也	也	也	也			
寶	寶	寶	寶			
積	積	積	積			
當	當	當	當			
知	知	知	知			
	보시	지계	인욕	정진	선정	지혜

	布施	持戒	忍辱	精進	禪定	智慧
直	直	直	直			
心	心	心	心			
是	是	是	是			
菩	菩	菩	菩			
薩	薩	薩	薩			
淨	淨	淨	淨			
土	土	土	土			
菩	菩	菩	菩			
薩	薩	薩	薩			
成	成	成	成			
	보시	지계	인욕	정진	선정	지혜

	布施	持戒	忍辱	精進	禪定	智慧
佛	佛	佛	佛			
時	時	時	時			
不	不	不	不			
諂	諂	諂	諂			
衆	衆	衆	衆			
生	生	生	生			
來	來	來	來			
生	生	生	生			
其	其	其	其			
國	國	國	國			
	보시	지계	인욕	정진	선정	지혜

	布施	持戒	忍辱	精進	禪定	智慧
深	深	深	深			
心	心	心	心			
是	是	是	是			
菩	菩	菩	菩			
薩	薩	薩	薩			
淨	淨	淨	淨			
土	土	土	土			
菩	菩	菩	菩			
薩	薩	薩	薩			
成	成	成	成			
	보시	지계	인욕	정진	선정	지혜

	布施	持戒	忍辱	精進	禪定	智慧
佛	佛	佛	佛			
時	時	時	時			
具	具	具	具			
足	足	足	足			
功	功	功	功			
德	德	德	德			
衆	衆	衆	衆			
生	生	生	生			
來	來	來	來			
生	生	生	生			
	보시	지계	인욕	정진	선정	지혜

	布施	持戒	忍辱	精進	禪定	智慧
其	其	其	其			
國	國	國	國			
菩	菩	菩	菩			
提	提	提	提			
心	心	心	心			
是	是	是	是			
菩	菩	菩	菩			
薩	薩	薩	薩			
淨	淨	淨	淨			
土	土	土	土			
	보시	지계	인욕	정진	선정	지혜

	布施	持戒	忍辱	精進	禪定	智慧
菩	菩	菩	菩			
薩	薩	薩	薩			
成	成	成	成			
佛	佛	佛	佛			
時	時	時	時			
大	大	大	大			
乘	乘	乘	乘			
衆	衆	衆	衆			
生	生	生	生			
來	來	來	來			
	보시	지계	인욕	정진	선정	지혜

	布施	持戒	忍辱	精進	禪定	智慧
生	生	生	生			
其	其	其	其			
國	國	國	國			
布	布	布	布			
施	施	施	施			
是	是	是	是			
菩	菩	菩	菩			
薩	薩	薩	薩			
淨	淨	淨	淨			
土	土	土	土			
	보시	지계	인욕	정진	선정	지혜

	布施	持戒	忍辱	精進	禪定	智慧
菩	菩	菩	菩			
薩	薩	薩	薩			
成	成	成	成			
佛	佛	佛	佛			
時	時	時	時			
一	一	一	一			
切	切	切	切			
能	能	能	能			
捨	捨	捨	捨			
衆	衆	衆	衆			
	보시	지계	인욕	정진	선정	지혜

	布施	持戒	忍辱	精進	禪定	智慧
生	生	生	生			
來	來	來	來			
生	生	生	生			
其	其	其	其			
國	國	國	國			
持	持	持	持			
戒	戒	戒	戒			
是	是	是	是			
菩	菩	菩	菩			
薩	薩	薩	薩			
	보시	지계	인욕	정진	선정	지혜

	布施	持戒	忍辱	精進	禪定	智慧
淨	淨	淨	淨			
土	土	土	土			
菩	菩	菩	菩			
薩	薩	薩	薩			
成	成	成	成			
佛	佛	佛	佛			
時	時	時	時			
行	行	行	行			
十	十	十	十			
善	善	善	善			
	보시	지계	인욕	정진	선정	지혜

	布施	持戒	忍辱	精進	禪定	智慧
道	道	道	道			
滿	滿	滿	滿			
願	願	願	願			
衆	衆	衆	衆			
生	生	生	生			
來	來	來	來			
生	生	生	生			
其	其	其	其			
國	國	國	國			
忍	忍	忍	忍			
	보시	지계	인욕	정진	선정	지혜

	布施	持戒	忍辱	精進	禪定	智慧
辱	辱	辱	辱			
是	是	是	是			
菩	菩	菩	菩			
薩	薩	薩	薩			
淨	淨	淨	淨			
土	土	土	土			
菩	菩	菩	菩			
薩	薩	薩	薩			
成	成	成	成			
佛	佛	佛	佛			
	보시	지계	인욕	정진	선정	지혜

	布施	持戒	忍辱	精進	禪定	智慧
時	時	時	時			
三	三	三	三			
十	十	十	十			
二	二	二	二			
相	相	相	相			
莊	莊	莊	莊			
嚴	嚴	嚴	嚴			
衆	衆	衆	衆			
生	生	生	生			
來	來	來	來			
	보시	지계	인욕	정진	선정	지혜

	布施	持戒	忍辱	精進	禪定	智慧
生	生	生	生			
其	其	其	其			
國	國	國	國			
精	精	精	精			
進	進	進	進			
是	是	是	是			
菩	菩	菩	菩			
薩	薩	薩	薩			
淨	淨	淨	淨			
土	土	土	土			
	보시	지계	인욕	정진	선정	지혜

	布施	持戒	忍辱	精進	禪定	智慧
菩	菩	菩	菩			
薩	薩	薩	薩			
成	成	成	成			
佛	佛	佛	佛			
時	時	時	時			
勤	勤	勤	勤			
修	修	修	修			
一	一	一	一			
切	切	切	切			
功	功	功	功			
	보시	지계	인욕	정진	선정	지혜

	布施	持戒	忍辱	精進	禪定	智慧
德	德	德	德			
衆	衆	衆	衆			
生	生	生	生			
來	來	來	來			
生	生	生	生			
其	其	其	其			
國	國	國	國			
禪	禪	禪	禪			
定	定	定	定			
是	是	是	是			
	보시	지계	인욕	정진	선정	지혜

	布施	持戒	忍辱	精進	禪定	智慧
菩	菩	菩	菩			
薩	薩	薩	薩			
淨	淨	淨	淨			
土	土	土	土			
菩	菩	菩	菩			
薩	薩	薩	薩			
成	成	成	成			
佛	佛	佛	佛			
時	時	時	時			
攝	攝	攝	攝			
	보시	지계	인욕	정진	선정	지혜

	布施	持戒	忍辱	精進	禪定	智慧
心	心	心	心			
不	不	不	不			
亂	亂	亂	亂			
衆	衆	衆	衆			
生	生	生	生			
來	來	來	來			
生	生	生	生			
其	其	其	其			
國	國	國	國			
智	智	智	智			
	보시	지계	인욕	정진	선정	지혜

	布施	持戒	忍辱	精進	禪定	智慧
慧	慧	慧	慧			
是	是	是	是			
菩	菩	菩	菩			
薩	薩	薩	薩			
淨	淨	淨	淨			
土	土	土	土			
菩	菩	菩	菩			
薩	薩	薩	薩			
成	成	成	成			
佛	佛	佛	佛			
	보시	지계	인욕	정진	선정	지혜

	布施	持戒	忍辱	精進	禪定	智慧
時	時	時	時			
正	正	正	正			
定	定	定	定			
眾	眾	眾	眾			
生	生	生	生			
來	來	來	來			
生	生	生	生			
其	其	其	其			
國	國	國	國			
四	四	四	四			
	보시	지계	인욕	정진	선정	지혜

	布施	持戒	忍辱	精進	禪定	智慧
無	無	無	無			
量	量	量	量			
心	心	心	心			
是	是	是	是			
菩	菩	菩	菩			
薩	薩	薩	薩			
淨	淨	淨	淨			
土	土	土	土			
菩	菩	菩	菩			
薩	薩	薩	薩			
	보시	지계	인욕	정진	선정	지혜

1. 보살정토편

	布施	持戒	忍辱	精進	禪定	智慧
成	成	成	成			
佛	佛	佛	佛			
時	時	時	時			
成	成	成	成			
就	就	就	就			
慈	慈	慈	慈			
悲	悲	悲	悲			
喜	喜	喜	喜			
捨	捨	捨	捨			
衆	衆	衆	衆			
	보시	지계	인욕	정진	선정	지혜

	布施	持戒	忍辱	精進	禪定	智慧
生	生	生	生			
來	來	來	來			
生	生	生	生			
其	其	其	其			
國	國	國	國			
四	四	四	四			
攝	攝	攝	攝			
法	法	法	法			
是	是	是	是			
菩	菩	菩	菩			
	보시	지계	인욕	정진	선정	지혜

	布施	持戒	忍辱	精進	禪定	智慧
薩	薩	薩	薩			
淨	淨	淨	淨			
土	土	土	土			
菩	菩	菩	菩			
薩	薩	薩	薩			
成	成	成	成			
佛	佛	佛	佛			
時	時	時	時			
解	解	解	解			
脫	脫	脫	脫			
	보시	지계	인욕	정진	선정	지혜

	布施	持戒	忍辱	精進	禪定	智慧
所	所	所	所			
攝	攝	攝	攝			
眾	眾	眾	眾			
生	生	生	生			
來	來	來	來			
生	生	生	生			
其	其	其	其			
國	國	國	國			
方	方	方	方			
便	便	便	便			
	보시	지계	인욕	정진	선정	지혜

1. 보살정토편

	布施	持戒	忍辱	精進	禪定	智慧
是	是	是	是			
菩	菩	菩	菩			
薩	薩	薩	薩			
淨	淨	淨	淨			
土	土	土	土			
菩	菩	菩	菩			
薩	薩	薩	薩			
成	成	成	成			
佛	佛	佛	佛			
時	時	時	時			
	보시	지계	인욕	정진	선정	지혜

	布施	持戒	忍辱	精進	禪定	智慧
於	於	於	於			
一	一	一	一			
切	切	切	切			
法	法	法	法			
方	方	方	方			
便	便	便	便			
無	無	無	無			
礙	礙	礙	礙			
衆	衆	衆	衆			
生	生	生	生			
	보시	지계	인욕	정진	선정	지혜

1. 보살정토편

	布施	持戒	忍辱	精進	禪定	智慧
來	來	來	來			
生	生	生	生			
其	其	其	其			
國	國	國	國			
三	三	三	三			
十	十	十	十			
七	七	七	七			
品	品	品	品			
是	是	是	是			
菩	菩	菩	菩			
	보시	지계	인욕	정진	선정	지혜

	布施	持戒	忍辱	精進	禪定	智慧
薩	薩	薩	薩			
淨	淨	淨	淨			
土	土	土	土			
菩	菩	菩	菩			
薩	薩	薩	薩			
成	成	成	成			
佛	佛	佛	佛			
時	時	時	時			
念	念	念	念			
處	處	處	處			
	보시	지계	인욕	정진	선정	지혜

	布施	持戒	忍辱	精進	禪定	智慧
正	正	正	正			
勤	勤	勤	勤			
神	神	神	神			
足	足	足	足			
根	根	根	根			
力	力	力	力			
覺	覺	覺	覺			
道	道	道	道			
衆	衆	衆	衆			
生	生	生	生			
	보시	지계	인욕	정진	선정	지혜

	布施	持戒	忍辱	精進	禪定	智慧
來	來	來	來			
生	生	生	生			
其	其	其	其			
國	國	國	國			
迴	迴	迴	迴			
向	向	向	向			
心	心	心	心			
是	是	是	是			
菩	菩	菩	菩			
薩	薩	薩	薩			
	보시	지계	인욕	정진	선정	지혜

	布施	持戒	忍辱	精進	禪定	智慧
淨	淨	淨	淨			
土	土	土	土			
菩	菩	菩	菩			
薩	薩	薩	薩			
成	成	成	成			
佛	佛	佛	佛			
時	時	時	時			
得	得	得	得			
一	一	一	一			
切	切	切	切			
	보시	지계	인욕	정진	선정	지혜

	布施	持戒	忍辱	精進	禪定	智慧
具	具	具	具			
足	足	足	足			
功	功	功	功			
德	德	德	德			
國	國	國	國			
土	土	土	土			
說	說	說	說			
除	除	除	除			
八	八	八	八			
難	難	難	難			
	보시	지계	인욕	정진	선정	지혜

1. 보살정토편

	布施	持戒	忍辱	精進	禪定	智慧
是	是	是	是			
菩	菩	菩	菩			
薩	薩	薩	薩			
淨	淨	淨	淨			
土	土	土	土			
菩	菩	菩	菩			
薩	薩	薩	薩			
成	成	成	成			
佛	佛	佛	佛			
時	時	時	時			
	보시	지계	인욕	정진	선정	지혜

	布施	持戒	忍辱	精進	禪定	智慧
國	國	國	國			
土	土	土	土			
無	無	無	無			
有	有	有	有			
三	三	三	三			
惡	惡	惡	惡			
八	八	八	八			
難	難	難	難			
自	自	自	自			
守	守	守	守			
	보시	지계	인욕	정진	선정	지혜

	布施	持戒	忍辱	精進	禪定	智慧
戒	戒	戒	戒			
行	行	行	行			
不	不	不	不			
譏	譏	譏	譏			
彼	彼	彼	彼			
闕	闕	闕	闕			
是	是	是	是			
菩	菩	菩	菩			
薩	薩	薩	薩			
淨	淨	淨	淨			
	보시	지계	인욕	정진	선정	지혜

	布施	持戒	忍辱	精進	禪定	智慧
土	土	土	土			
菩	菩	菩	菩			
薩	薩	薩	薩			
成	成	成	成			
佛	佛	佛	佛			
時	時	時	時			
國	國	國	國			
土	土	土	土			
無	無	無	無			
有	有	有	有			
	보시	지계	인욕	정진	선정	지혜

	布施	持戒	忍辱	精進	禪定	智慧
犯	犯	犯	犯			
禁	禁	禁	禁			
之	之	之	之			
名	名	名	名			
十	十	十	十			
善	善	善	善			
是	是	是	是			
菩	菩	菩	菩			
薩	薩	薩	薩			
淨	淨	淨	淨			
	보시	지계	인욕	정진	선정	지혜

	布施	持戒	忍辱	精進	禪定	智慧
土	土	土	土			
菩	菩	菩	菩			
薩	薩	薩	薩			
成	成	成	成			
佛	佛	佛	佛			
時	時	時	時			
命	命	命	命			
不	不	不	不			
中	中	中	中			
天	天	天	天			
	보시	지계	인욕	정진	선정	지혜

	布施	持戒	忍辱	精進	禪定	智慧
大富梵行所言誠諦常以	大富梵行所言誠諦常以	大富梵行所言誠諦常以	大富梵行所言誠諦常以			
	보시	지계	인욕	정진	선정	지혜

	布施	持戒	忍辱	精進	禪定	智慧
輭	輭	輭	輭			
語	語	語	語			
眷	眷	眷	眷			
屬	屬	屬	屬			
不	不	不	不			
離	離	離	離			
善	善	善	善			
和	和	和	和			
諍	諍	諍	諍			
訟	訟	訟	訟			
	보시	지계	인욕	정진	선정	지혜

	布施	持戒	忍辱	精進	禪定	智慧
言	言	言	言			
必	必	必	必			
饒	饒	饒	饒			
益	益	益	益			
不	不	不	不			
嫉	嫉	嫉	嫉			
不	不	不	不			
恚	恚	恚	恚			
正	正	正	正			
見	見	見	見			
	보시	지계	인욕	정진	선정	지혜

	布施	持戒	忍辱	精進	禪定	智慧
衆	衆	衆	衆			
生	生	生	生			
來	來	來	來			
生	生	生	生			
其	其	其	其			
國	國	國	國			
如	如	如	如			
是	是	是	是			
寶	寶	寶	寶			
積	積	積	積			
	보시	지계	인욕	정진	선정	지혜

	布施	持戒	忍辱	精進	禪定	智慧
菩	菩	菩	菩			
薩	薩	薩	薩			
隨	隨	隨	隨			
其	其	其	其			
直	直	直	直			
心	心	心	心			
則	則	則	則			
能	能	能	能			
發	發	發	發			
行	行	行	行			
	보시	지계	인욕	정진	선정	지혜

	布施	持戒	忍辱	精進	禪定	智慧
隨	隨	隨	隨			
其	其	其	其			
發	發	發	發			
行	行	行	行			
則	則	則	則			
得	得	得	得			
深	深	深	深			
心	心	心	心			
隨	隨	隨	隨			
其	其	其	其			
	보시	지계	인욕	정진	선정	지혜

1. 보살정토편

	布施	持戒	忍辱	精進	禪定	智慧
深	深	深	深			
心	心	心	心			
則	則	則	則			
意	意	意	意			
調	調	調	調			
伏	伏	伏	伏			
隨	隨	隨	隨			
意	意	意	意			
調	調	調	調			
伏	伏	伏	伏			
	보시	지계	인욕	정진	선정	지혜

	布施	持戒	忍辱	精進	禪定	智慧
則	則	則	則			
如	如	如	如			
說	說	說	說			
行	行	行	行			
隨	隨	隨	隨			
如	如	如	如			
說	說	說	說			
行	行	行	行			
則	則	則	則			
能	能	能	能			
	보시	지계	인욕	정진	선정	지혜

	布施	持戒	忍辱	精進	禪定	智慧
迴	迴	迴	迴			
向	向	向	向			
隨	隨	隨	隨			
其	其	其	其			
迴	迴	迴	迴			
向	向	向	向			
則	則	則	則			
有	有	有	有			
方	方	方	方			
便	便	便	便			
	보시	지계	인욕	정진	선정	지혜

	布施	持戒	忍辱	精進	禪定	智慧
隨	隨	隨	隨			
其	其	其	其			
方	方	方	方			
便	便	便	便			
則	則	則	則			
成	成	成	成			
就	就	就	就			
衆	衆	衆	衆			
生	生	生	生			
隨	隨	隨	隨			
	보시	지계	인욕	정진	선정	지혜

1. 보살정토편

	布施	持戒	忍辱	精進	禪定	智慧
成	成	成	成			
就	就	就	就			
衆	衆	衆	衆			
生	生	生	生			
則	則	則	則			
佛	佛	佛	佛			
土	土	土	土			
淨	淨	淨	淨			
隨	隨	隨	隨			
佛	佛	佛	佛			
	보시	지계	인욕	정진	선정	지혜

	布施	持戒	忍辱	精進	禪定	智慧
土	土	土	土			
淨	淨	淨	淨			
則	則	則	則			
說	說	說	說			
法	法	法	法			
淨	淨	淨	淨			
隨	隨	隨	隨			
說	說	說	說			
法	法	法	法			
淨	淨	淨	淨			
	보시	지계	인욕	정진	선정	지혜

	布施	持戒	忍辱	精進	禪定	智慧
則	則	則	則			
智	智	智	智			
慧	慧	慧	慧			
淨	淨	淨	淨			
隨	隨	隨	隨			
智	智	智	智			
慧	慧	慧	慧			
淨	淨	淨	淨			
則	則	則	則			
其	其	其	其			
	보시	지계	인욕	정진	선정	지혜

	布施	持戒	忍辱	精進	禪定	智慧
心	心	心	心			
淨	淨	淨	淨			
隨	隨	隨	隨			
其	其	其	其			
心	心	心	心			
淨	淨	淨	淨			
則	則	則	則			
一	一	一	一			
切	切	切	切			
功	功	功	功			
	보시	지계	인욕	정진	선정	지혜

	布施	持戒	忍辱	精進	禪定	智慧
德	德	德	德			
淨	淨	淨	淨			
是	是	是	是			
故	故	故	故			
寶	寶	寶	寶			
積	積	積	積			
若	若	若	若			
菩	菩	菩	菩			
薩	薩	薩	薩			
欲	欲	欲	欲			
	보시	지계	인욕	정진	선정	지혜

	布施	持戒	忍辱	精進	禪定	智慧
得	得	得	得			
淨	淨	淨	淨			
土	土	土	土			
當	當	當	當			
淨	淨	淨	淨			
其	其	其	其			
心	心	心	心			
隨	隨	隨	隨			
其	其	其	其			
心	心	心	心			
	보시	지계	인욕	정진	선정	지혜

	布施	持戒	忍辱	精進	禪定	智慧
淨	淨	淨	淨			
則	則	則	則			
佛	佛	佛	佛			
土	土	土	土			
淨	淨	淨	淨			
	보시	지계	인욕	정진	선정	지혜

2

색신법신편 사경수행
色身法身篇 寫經修行

1. 색신법신 경문낭독 色身法身 經文朗讀

長者 維摩詰, 以 如是 等 無量 方便, 饒益 衆生, 其以 方便, 現身 有疾。
장자 유마힐, 이 여시 등 무량 방편, 요익 중생, 기이 방편, 현신 유질。

以 其疾 故, 國王 `大臣 `長者 `居士 `婆羅門 等, 及 諸 王子,
이 기질 고, 국왕 `대신 `장자 `거사 `바라문 등, 급 제 왕자,

并 餘 官屬, 無數 千人 皆往 問疾。其 往者, 維摩詰 因以 身疾,
병 여 관속, 무수 천인 개왕 문질。기 왕자, 유마힐 인이 신질,

廣爲 說法。
광위 설법。

『諸 仁者！是身 無常, 無强 無力 無堅, 速朽 之法 不可信 也。
 제 인자！시신 무상, 무강 무력 무견, 속후 지법 불가신 야。

爲苦 爲惱, 衆病 所集。
위고 위뇌, 중병 소집。

諸 仁者！如此 身, 明智者 所 不怙。
제 인자！여차 신, 명지자 소 불호。

是身 如 聚沫, 不可 撮摩；是身 如泡, 不得 久立；
시신 여 취말, 불가 촬마；시신 여포, 부득 구립；

是身 如炎, 從 渴愛 生；是身 如 芭蕉, 中 無 有堅；
시신 여염, 종 갈애 생；시신 여 파초, 중 무 유견；

是身 如幻, 從 顚倒 起；是身 如夢, 爲虛 妄見；
시신 여환, 종 전도 기；시신 여몽, 위허 망견；

是身 如影, 從 業緣 現；是身 如響, 屬 諸 因緣；
시신 여영, 종 업연 현；시신 여향, 속 제 인연；

是身 如 浮雲, 須臾 變滅 ; 是身 如 電, 念念 不住 ;
시신 여 부운, 수유 변멸 ; 시신 여 전, 염염 부주 ;

是身 無主, 爲如 地 ; 是身 無我, 爲如 火 ;
시신 무주, 위여 지 ; 시신 무아, 위여 화 ;

是身 無壽, 爲如 風 ; 是身 無人, 爲如 水 ;
시신 무수, 위여 풍 ; 시신 무인, 위여 수 ;

是身 不實, 四大 爲家 ; 是身 爲空, 離 我 我所 ;
시신 불실, 사대 위가 ; 시신 위공, 이 아 아소 ;

是身 無知, 如 草木 瓦礫 ; 是身 無作, 風力 所轉 ;
시신 무지, 여 초목 와력 ; 시신 무작, 풍력 소전 ;

是身 不淨, 穢惡 充滿 ; 是身 爲 虛僞, 雖 假以 澡浴 衣食, 必歸 磨滅 ;
시신 부정, 예악 충만 ; 시신 위 허위, 수 가이 조욕 의식, 필귀 마멸 ;

是身 爲災, 百一 病惱 ; 是身 如 邱井, 爲老 所逼 ; 是身 無定, 爲要 當死 ;
시신 위재, 백일 병뇌 ; 시신 여 구정, 위로 소핍 ; 시신 무정, 위요 당사 ;

是身 如 毒蛇, 如 怨賊, 如 空聚, 陰 界 諸入 所共 合成 。
시신 여 독사, 여 원적, 여 공취, 음 계 제입 소공 합성 。

諸 仁者! 此可 患厭, 當樂 佛身 。
제 인자! 차가 환염, 당락 불신 。

所以者何? 佛身 者, 卽 法身 也 。
소이자하? 불신 자, 즉 법신 야 。

從 無量 功德 智慧 生, 從 戒 定 慧 解脫 解脫知見 生, 從 慈悲 喜 捨 生,
종 무량 공덕 지혜 생, 종 계 정 혜 해탈 해탈지견 생, 종 자비 희 사 생,

從 布施 持戒 忍辱 柔和 勤行 精進 禪定 解脫 三昧 多聞 智慧 諸 波羅密
종 보시 지계 인욕 유화 근행 정진 선정 해탈 삼매 다문 지혜 제 바라밀

生, 從 方便 生, 從 六通 生, 從 三明 生, 從 三十七道品 生, 從 止觀 生,
생, 종 방편 생, 종 육통 생, 종 삼명 생, 종 삼십칠도품 생, 종 지관 생,

從 十力 ˋ四無所畏 ˋ十八不共法 生, 從 斷 一切 不善法 集 一切 善法 生,
종 십력 사무소외 십팔불공법 생, 종 단 일체 불선법 집 일체 선법 생,

從 眞實 生, 從 不放逸 生, 從 如是 無量 淸淨法 生 如來 身 。
종 진실 생, 종 불방일 생, 종 여시 무량 청정법 생 여래 신 。

諸 仁者!
제 인자!

欲得 佛身, 斷 一切 衆生 病 者, 當 發 阿耨多羅三藐三菩提心 。」
욕득 불신, 단 일체 중생 병 자, 당 발 아뇩다라삼먁삼보리심 。

如是, 長者 維摩詰 爲 諸 問疾者 如應 說法,
여시, 장자 유마힐 위 제 문질자 여응 설법,

令 無數 千人 皆 發 阿耨多羅三藐三菩提心 。
영 무수 천인 개 발 아뇩다라삼먁삼보리심 。

2. 색신법신 경문해석 色身法身 經文解釋

유마대사가 병들어 누워 있다는 소식을 듣고 주변의 많은 사람이 문병 왔습니다.

유마대사는 그들에게 자신의 몸에 병이 있음을 예로 들어 인생무상의 이치를 일깨웁니다.

"선지식들이여!

이 몸은 무상하여 무력하고 썩게 되어 믿을 것이 못됩니다.

또한 고뇌의 원인이며 갖가지 병이 모이는 곳이라 지혜에 밝은 사람은 믿고 의지하지 않습니다.

이 몸은 물방울 같아 만질 수 없고

이 몸은 거품과 같아 오래 유지하지 못하며

이 몸은 아지랑이와 같아 갈애로부터 생겼고

이 몸은 파초와 같아 남는 그 무엇 없으며

이 몸은 허깨비와 같아 잘못된 생각으로 생겨났고

이 몸은 꿈과 같아 허망한 생각일 뿐이며

이 몸은 그림자와 같아 업연에 따라 나타나고

이 몸은 메아리와 같아 인연 따라 생겨나며

이 몸은 뜬구름과 같아 변화하며 사라지고

이 몸은 번개와 같아 생각마다 바뀝니다.

이 몸은 땅과 같아 주主가 없습니다.

이 몸은 불과 같아 아我가 없습니다.

이 몸은 바람과 같아 수壽가 없습니다.

이 몸은 물과 같아 인人이 없습니다.

이 몸은 부실합니다, 사대四大를 집으로 삼고 있기 때문에.

이 몸은 텅 비었습니다, 나라는 것도 내 것이라는 것도 없기 때문에.

이 몸은 무지無知입니다, 초목와석과 같기 때문에.

이 몸은 무작無作입니다, 바람 따라 움직일 뿐이기 때문에.

이 몸은 부정不淨입니다, 더러움으로 가득 차 있기 때문에.

이 몸은 허위虛僞입니다, 목욕하고 옷 입고 음식을 먹지만 결국 없어지기 때문에.

이 몸은 재난災難입니다, 만병에 시달리기 때문에.

이 몸은 언덕 위 마른 우물입니다, 늙어 죽을 날이 가까웠기 때문에.

이 몸은 무정無定입니다, 불안정하여 결국 죽어 없어지기 때문에.

이 몸은 독사와 같고 도둑과 같으며 텅 빈 마을과 같습니다, 오온五蘊과 십팔계十八界와 십이입十二入이 서로 복합적으로 만들어내고 있을 뿐이기 때문에.

선지식들이여!

이런 허망한 몸을 멀리하고 불신佛身을 즐거워해야 합니다.

왜냐하면 불신佛身은 곧 법신法身이기 때문입니다.

법신法身은 무량한 공덕功德과 지혜智慧에서 발현發顯합니다.

법신은 계戒, 정定, 혜慧, 해탈解脫, 해탈지견解脫知見에서 발현합니다.

법신은 자비희사慈悲喜捨에서 발현합니다.

법신은 보시布施, 지계持戒, 인욕忍辱, 유화柔和, 근행勤行, 정진精進, 선정禪定, 해탈解脫, 삼매三昧, 다문多聞, 지혜智慧 등 모든 바라밀波羅密에서 발현합니다.

법신은 방편方便에서 발현합니다.

법신은 육신통六神通에서 발현합니다.

법신은 삼명三明에서 발현합니다.

법신은 삼십칠도품三十七道品에서 발현합니다.

법신은 지관止觀에서 발현합니다.

법신은 십력十力, 사무소외四無所畏, 십팔불공법十八不共法에서 발현합니다.

법신은 일체불선법一切不善法은 끊고 일체선법一切善法을 실천하는데서 발현합니다.

법신은 진실眞實에서 발현합니다.

법신은 방일하지 않는데서 발현합니다.

이와 같이 무량한 청정법淸淨法에서 법신이 발현합니다.

선지식들이여! 법신을 얻고 일체 중생의 병을 끊고자 하면 마땅히 아뇩다라삼먁삼보리심을 발해야 됩니다."

이와 같이 유마대사는 문병 온 이들을 위해 알맞게 설법하시어 수많은 사람들에게 아뇩다라삼먁삼보리심을 발하게 하였습니다.

3. 색신법신 경문사경 色身法身 經文寫經

	布施	持戒	忍辱	精進	禪定	智慧
長	長	長	長			
者	者	者	者			
維	維	維	維			
摩	摩	摩	摩			
詰	詰	詰	詰			
以	以	以	以			
如	如	如	如			
是	是	是	是			
等	等	等	等			
無	無	無	無			
	보시	지계	인욕	정진	선정	지혜

	布施	持戒	忍辱	精進	禪定	智慧
量	量	量	量			
方	方	方	方			
便	便	便	便			
饒	饒	饒	饒			
益	益	益	益			
衆	衆	衆	衆			
生	生	生	生			
其	其	其	其			
以	以	以	以			
方	方	方	方			
	보시	지계	인욕	정진	선정	지혜

	布施	持戒	忍辱	精進	禪定	智慧
便	便	便	便			
現	現	現	現			
身	身	身	身			
有	有	有	有			
疾	疾	疾	疾			
以	以	以	以			
其	其	其	其			
疾	疾	疾	疾			
故	故	故	故			
國	國	國	國			
	보시	지계	인욕	정진	선정	지혜

	布施	持戒	忍辱	精進	禪定	智慧
王	王	王	王			
大	大	大	大			
臣	臣	臣	臣			
長	長	長	長			
者	者	者	者			
居	居	居	居			
士	士	士	士			
婆	婆	婆	婆			
羅	羅	羅	羅			
門	門	門	門			
	보시	지계	인욕	정진	선정	지혜

2. 색신법신편

	布施	持戒	忍辱	精進	禪定	智慧
等	等	等	等			
及	及	及	及			
諸	諸	諸	諸			
王	王	王	王			
子	子	子	子			
并	并	并	并			
餘	餘	餘	餘			
官	官	官	官			
屬	屬	屬	屬			
無	無	無	無			
	보시	지계	인욕	정진	선정	지혜

	布施	持戒	忍辱	精進	禪定	智慧
數	數	數	數			
千	千	千	千			
人	人	人	人			
皆	皆	皆	皆			
往	往	往	往			
問	問	問	問			
疾	疾	疾	疾			
其	其	其	其			
往	往	往	往			
者	者	者	者			
	보시	지계	인욕	정진	선정	지혜

	布施	持戒	忍辱	精進	禪定	智慧
維	維	維	維			
摩	摩	摩	摩			
詰	詰	詰	詰			
因	因	因	因			
以	以	以	以			
身	身	身	身			
疾	疾	疾	疾			
廣	廣	廣	廣			
爲	爲	爲	爲			
說	說	說	說			
	보시	지계	인욕	정진	선정	지혜

	布施	持戒	忍辱	精進	禪定	智慧
法	法	法	法			
諸	諸	諸	諸			
仁	仁	仁	仁			
者	者	者	者			
是	是	是	是			
身	身	身	身			
無	無	無	無			
常	常	常	常			
無	無	無	無			
强	强	强	强			
	보시	지계	인욕	정진	선정	지혜

	布施	持戒	忍辱	精進	禪定	智慧
無	無	無	無			
力	力	力	力			
無	無	無	無			
堅	堅	堅	堅			
速	速	速	速			
朽	朽	朽	朽			
之	之	之	之			
法	法	法	法			
不	不	不	不			
可	可	可	可			
	보시	지계	인욕	정진	선정	지혜

	布施	持戒	忍辱	精進	禪定	智慧
信	信	信	信			
也	也	也	也			
爲	爲	爲	爲			
苦	苦	苦	苦			
爲	爲	爲	爲			
惱	惱	惱	惱			
衆	衆	衆	衆			
病	病	病	病			
所	所	所	所			
集	集	集	集			
	보시	지계	인욕	정진	선정	지혜

	布施	持戒	忍辱	精進	禪定	智慧
諸	諸	諸	諸			
仁	仁	仁	仁			
者	者	者	者			
如	如	如	如			
此	此	此	此			
身	身	身	身			
明	明	明	明			
智	智	智	智			
者	者	者	者			
所	所	所	所			
	보시	지계	인욕	정진	선정	지혜

	布施	持戒	忍辱	精進	禪定	智慧
不	不	不	不			
怙	怙	怙	怙			
是	是	是	是			
身	身	身	身			
如	如	如	如			
聚	聚	聚	聚			
沫	沫	沫	沫			
不	不	不	不			
可	可	可	可			
撮	撮	撮	撮			
	보시	지계	인욕	정진	선정	지혜

	布施	持戒	忍辱	精進	禪定	智慧
摩	摩	摩	摩			
是	是	是	是			
身	身	身	身			
如	如	如	如			
泡	泡	泡	泡			
不	不	不	不			
得	得	得	得			
久	久	久	久			
立	立	立	立			
是	是	是	是			
	보시	지계	인욕	정진	선정	지혜

	布施	持戒	忍辱	精進	禪定	智慧
身	身	身	身			
如	如	如	如			
炎	炎	炎	炎			
從	從	從	從			
渴	渴	渴	渴			
愛	愛	愛	愛			
生	生	生	生			
是	是	是	是			
身	身	身	身			
如	如	如	如			
	보시	지계	인욕	정진	선정	지혜

	布施	持戒	忍辱	精進	禪定	智慧
芭	芭	芭	芭			
蕉	蕉	蕉	蕉			
中	中	中	中			
無	無	無	無			
有	有	有	有			
堅	堅	堅	堅			
是	是	是	是			
身	身	身	身			
如	如	如	如			
幻	幻	幻	幻			
	보시	지계	인욕	정진	선정	지혜

	布施	持戒	忍辱	精進	禪定	智慧
從	從	從	從			
顚	顚	顚	顚			
倒	倒	倒	倒			
起	起	起	起			
是	是	是	是			
身	身	身	身			
如	如	如	如			
夢	夢	夢	夢			
爲	爲	爲	爲			
虛	虛	虛	虛			
	보시	지계	인욕	정진	선정	지혜

2. 색신법신편

	布施	持戒	忍辱	精進	禪定	智慧
妄	妄	妄	妄			
見	見	見	見			
是	是	是	是			
身	身	身	身			
如	如	如	如			
影	影	影	影			
從	從	從	從			
業	業	業	業			
緣	緣	緣	緣			
現	現	現	現			
	보시	지계	인욕	정진	선정	지혜

	布施	持戒	忍辱	精進	禪定	智慧
是	是	是	是			
身	身	身	身			
如	如	如	如			
響	響	響	響			
屬	屬	屬	屬			
諸	諸	諸	諸			
因	因	因	因			
緣	緣	緣	緣			
是	是	是	是			
身	身	身	身			
	보시	지계	인욕	정진	선정	지혜

	布施	持戒	忍辱	精進	禪定	智慧
如	如	如	如			
浮	浮	浮	浮			
雲	雲	雲	雲			
須	須	須	須			
臾	臾	臾	臾			
變	變	變	變			
滅	滅	滅	滅			
是	是	是	是			
身	身	身	身			
如	如	如	如			
	보시	지계	인욕	정진	선정	지혜

	布施	持戒	忍辱	精進	禪定	智慧
電	電	電	電			
念	念	念	念			
念	念	念	念			
不	不	不	不			
住	住	住	住			
是	是	是	是			
身	身	身	身			
無	無	無	無			
主	主	主	主			
爲	爲	爲	爲			
	보시	지계	인욕	정진	선정	지혜

	布施	持戒	忍辱	精進	禪定	智慧
如	如	如	如			
地	地	地	地			
是	是	是	是			
身	身	身	身			
無	無	無	無			
我	我	我	我			
爲	爲	爲	爲			
如	如	如	如			
火	火	火	火			
是	是	是	是			
	보시	지계	인욕	정진	선정	지혜

	布施	持戒	忍辱	精進	禪定	智慧
身	身	身	身			
無	無	無	無			
壽	壽	壽	壽			
爲	爲	爲	爲			
如	如	如	如			
風	風	風	風			
是	是	是	是			
身	身	身	身			
無	無	無	無			
人	人	人	人			
	보시	지계	인욕	정진	선정	지혜

2. 색신법신편

	布施	持戒	忍辱	精進	禪定	智慧
爲	爲	爲	爲			
如	如	如	如			
水	水	水	水			
是	是	是	是			
身	身	身	身			
不	不	不	不			
實	實	實	實			
四	四	四	四			
大	大	大	大			
爲	爲	爲	爲			
	보시	지계	인욕	정진	선정	지혜

	布施	持戒	忍辱	精進	禪定	智慧
家	家	家	家			
是	是	是	是			
身	身	身	身			
爲	爲	爲	爲			
空	空	空	空			
離	離	離	離			
我	我	我	我			
我	我	我	我			
所	所	所	所			
是	是	是	是			
	보시	지계	인욕	정진	선정	지혜

	布施	持戒	忍辱	精進	禪定	智慧
身	身	身	身			
無	無	無	無			
知	知	知	知			
如	如	如	如			
草	草	草	草			
木	木	木	木			
瓦	瓦	瓦	瓦			
礫	礫	礫	礫			
是	是	是	是			
身	身	身	身			
	보시	지계	인욕	정진	선정	지혜

	布施	持戒	忍辱	精進	禪定	智慧
無	無	無	無			
作	作	作	作			
風	風	風	風			
力	力	力	力			
所	所	所	所			
轉	轉	轉	轉			
是	是	是	是			
身	身	身	身			
不	不	不	不			
淨	淨	淨	淨			
	보시	지계	인욕	정진	선정	지혜

	布施	持戒	忍辱	精進	禪定	智慧
穢	穢	穢	穢			
惡	惡	惡	惡			
充	充	充	充			
滿	滿	滿	滿			
是	是	是	是			
身	身	身	身			
爲	爲	爲	爲			
虛	虛	虛	虛			
僞	僞	僞	僞			
雖	雖	雖	雖			
	보시	지계	인욕	정진	선정	지혜

	布施	持戒	忍辱	精進	禪定	智慧
假	假	假	假			
以	以	以	以			
澡	澡	澡	澡			
浴	浴	浴	浴			
衣	衣	衣	衣			
食	食	食	食			
必	必	必	必			
歸	歸	歸	歸			
磨	磨	磨	磨			
滅	滅	滅	滅			
	보시	지계	인욕	정진	선정	지혜

	布施	持戒	忍辱	精進	禪定	智慧
是	是	是	是			
身	身	身	身			
爲	爲	爲	爲			
災	災	災	災			
百	百	百	百			
一	一	一	一			
病	病	病	病			
惱	惱	惱	惱			
是	是	是	是			
身	身	身	身			
	보시	지계	인욕	정진	선정	지혜

	布施	持戒	忍辱	精進	禪定	智慧
如	如	如	如			
邱	邱	邱	邱			
井	井	井	井			
爲	爲	爲	爲			
老	老	老	老			
所	所	所	所			
逼	逼	逼	逼			
是	是	是	是			
身	身	身	身			
無	無	無	無			
	보시	지계	인욕	정진	선정	지혜

	布施	持戒	忍辱	精進	禪定	智慧
定	定	定	定			
爲	爲	爲	爲			
要	要	要	要			
當	當	當	當			
死	死	死	死			
是	是	是	是			
身	身	身	身			
如	如	如	如			
毒	毒	毒	毒			
蛇	蛇	蛇	蛇			
	보시	지계	인욕	정진	선정	지혜

	布施	持戒	忍辱	精進	禪定	智慧
如	如	如	如			
怨	怨	怨	怨			
賊	賊	賊	賊			
如	如	如	如			
空	空	空	空			
聚	聚	聚	聚			
陰	陰	陰	陰			
界	界	界	界			
諸	諸	諸	諸			
入	入	入	入			
	보시	지계	인욕	정진	선정	지혜

	布施	持戒	忍辱	精進	禪定	智慧
所	所	所	所			
共	共	共	共			
合	合	合	合			
成	成	成	成			
諸	諸	諸	諸			
仁	仁	仁	仁			
者	者	者	者			
此	此	此	此			
可	可	可	可			
患	患	患	患			
	보시	지계	인욕	정진	선정	지혜

	布施	持戒	忍辱	精進	禪定	智慧
厭	厭	厭	厭			
當	當	當	當			
樂	樂	樂	樂			
佛	佛	佛	佛			
身	身	身	身			
所	所	所	所			
以	以	以	以			
者	者	者	者			
何	何	何	何			
佛	佛	佛	佛			
	보시	지계	인욕	정진	선정	지혜

	布施	持戒	忍辱	精進	禪定	智慧
身	身	身	身			
者	者	者	者			
卽	卽	卽	卽			
法	法	法	法			
身	身	身	身			
也	也	也	也			
從	從	從	從			
無	無	無	無			
量	量	量	量			
功	功	功	功			
	보시	지계	인욕	정진	선정	지혜

	布施	持戒	忍辱	精進	禪定	智慧
德	德	德	德			
智	智	智	智			
慧	慧	慧	慧			
生	生	生	生			
從	從	從	從			
戒	戒	戒	戒			
定	定	定	定			
慧	慧	慧	慧			
解	解	解	解			
脫	脫	脫	脫			
	보시	지계	인욕	정진	선정	지혜

	布施	持戒	忍辱	精進	禪定	智慧
解	解	解	解			
脫	脫	脫	脫			
知	知	知	知			
見	見	見	見			
生	生	生	生			
從	從	從	從			
慈	慈	慈	慈			
悲	悲	悲	悲			
喜	喜	喜	喜			
捨	捨	捨	捨			
	보시	지계	인욕	정진	선정	지혜

	布施	持戒	忍辱	精進	禪定	智慧
生	生	生	生			
從	從	從	從			
布	布	布	布			
施	施	施	施			
持	持	持	持			
戒	戒	戒	戒			
忍	忍	忍	忍			
辱	辱	辱	辱			
柔	柔	柔	柔			
和	和	和	和			
	보시	지계	인욕	정진	선정	지혜

	布施	持戒	忍辱	精進	禪定	智慧
勤	勤	勤	勤			
行	行	行	行			
精	精	精	精			
進	進	進	進			
禪	禪	禪	禪			
定	定	定	定			
解	解	解	解			
脫	脫	脫	脫			
三	三	三	三			
昧	昧	昧	昧			
	보시	지계	인욕	정진	선정	지혜

	布施	持戒	忍辱	精進	禪定	智慧
多	多	多	多			
聞	聞	聞	聞			
智	智	智	智			
慧	慧	慧	慧			
諸	諸	諸	諸			
波	波	波	波			
羅	羅	羅	羅			
密	密	密	密			
生	生	生	生			
從	從	從	從			
	보시	지계	인욕	정진	선정	지혜

2. 색신법신편

	布施	持戒	忍辱	精進	禪定	智慧
方	方	方	方			
便	便	便	便			
生	生	生	生			
從	從	從	從			
六	六	六	六			
通	通	通	通			
生	生	生	生			
從	從	從	從			
三	三	三	三			
明	明	明	明			
	보시	지계	인욕	정진	선정	지혜

	布施	持戒	忍辱	精進	禪定	智慧
生	生	生	生			
從	從	從	從			
三	三	三	三			
十	十	十	十			
七	七	七	七			
道	道	道	道			
品	品	品	品			
生	生	生	生			
從	從	從	從			
止	止	止	止			
	보시	지계	인욕	정진	선정	지혜

2. 색신법신편

	布施	持戒	忍辱	精進	禪定	智慧
觀	觀	觀	觀			
生	生	生	生			
從	從	從	從			
十	十	十	十			
力	力	力	力			
四	四	四	四			
無	無	無	無			
所	所	所	所			
畏	畏	畏	畏			
十	十	十	十			
	보시	지계	인욕	정진	선정	지혜

	布施	持戒	忍辱	精進	禪定	智慧
八	八	八	八			
不	不	不	不			
共	共	共	共			
法	法	法	法			
生	生	生	生			
從	從	從	從			
斷	斷	斷	斷			
一	一	一	一			
切	切	切	切			
不	不	不	不			
	보시	지계	인욕	정진	선정	지혜

2. 색신법신편

	布施	持戒	忍辱	精進	禪定	智慧
善	善	善	善			
法	法	法	法			
集	集	集	集			
一	一	一	一			
切	切	切	切			
善	善	善	善			
法	法	法	法			
生	生	生	生			
從	從	從	從			
眞	眞	眞	眞			
	보시	지계	인욕	정진	선정	지혜

	布施	持戒	忍辱	精進	禪定	智慧
實	實	實	實			
生	生	生	生			
從	從	從	從			
不	不	不	不			
放	放	放	放			
逸	逸	逸	逸			
生	生	生	生			
從	從	從	從			
如	如	如	如			
是	是	是	是			
	보시	지계	인욕	정진	선정	지혜

2. 색신법신편

	布施	持戒	忍辱	精進	禪定	智慧
無	無	無	無			
量	量	量	量			
清	清	清	清			
淨	淨	淨	淨			
法	法	法	法			
生	生	生	生			
如	如	如	如			
來	來	來	來			
身	身	身	身			
諸	諸	諸	諸			
	보시	지계	인욕	정진	선정	지혜

	布施	持戒	忍辱	精進	禪定	智慧
仁	仁	仁	仁			
者	者	者	者			
欲	欲	欲	欲			
得	得	得	得			
佛	佛	佛	佛			
身	身	身	身			
斷	斷	斷	斷			
一	一	一	一			
切	切	切	切			
衆	衆	衆	衆			
	보시	지계	인욕	정진	선정	지혜

2. 색신법신편

	布施	持戒	忍辱	精進	禪定	智慧
生	生	生	生			
病	病	病	病			
者	者	者	者			
當	當	當	當			
發	發	發	發			
阿	阿	阿	阿			
耨	耨	耨	耨			
多	多	多	多			
羅	羅	羅	羅			
三	三	三	三			
	보시	지계	인욕	정진	선정	지혜

	布施	持戒	忍辱	精進	禪定	智慧
藐	藐	藐	藐			
三	三	三	三			
菩	菩	菩	菩			
提	提	提	提			
心	心	心	心			
如	如	如	如			
是	是	是	是			
長	長	長	長			
者	者	者	者			
維	維	維	維			
	보시	지계	인욕	정진	선정	지혜

	布施	持戒	忍辱	精進	禪定	智慧
摩	摩	摩	摩			
詰	詰	詰	詰			
爲	爲	爲	爲			
諸	諸	諸	諸			
問	問	問	問			
疾	疾	疾	疾			
者	者	者	者			
如	如	如	如			
應	應	應	應			
說	說	說	說			
	보시	지계	인욕	정진	선정	지혜

	布施	持戒	忍辱	精進	禪定	智慧
法	法	法	法			
令	令	令	令			
無	無	無	無			
數	數	數	數			
千	千	千	千			
人	人	人	人			
皆	皆	皆	皆			
發	發	發	發			
阿	阿	阿	阿			
耨	耨	耨	耨			
	보시	지계	인욕	정진	선정	지혜

2. 색신법신편

	布施	持戒	忍辱	精進	禪定	智慧
多	多	多	多			
羅	羅	羅	羅			
三	三	三	三			
藐	藐	藐	藐			
三	三	三	三			
菩	菩	菩	菩			
提	提	提	提			
心	心	心	心			
		보시	지계	인욕	정진	선정	지혜

3

불이좌선편 사경수행
不二坐禪篇 寫經修行

1. 불이좌선 경문낭독 不二坐禪 經文朗讀

爾時, 長者 維摩詰 自念：「寢疾 於牀, 世尊 大慈, 寧不 垂愍？」
이시, 장자 유마힐 자념 : 침질 어상, 세존 대자, 영불 수민 ?

佛知 其意, 即告 舍利弗：「汝 行詣 維摩詰 問疾 。」
불지 기의, 즉고 사리불 : 여 행예 유마힐 문질 。

舍利弗 白佛言：「世尊, 我 不堪任 詣彼 問疾 。所以者何？
사리불 백불언 : 세존, 아 불감임 예피 문질 。소이자하 ?

憶念 我昔 曾於 林中 宴坐 樹下, 時 維摩詰 來 謂我言：
억념 아석 증어 임중 연좌 수하, 시 유마힐 내 위아언 :

『唯, 舍利弗！不必 是坐 爲 宴坐 也 。夫 宴坐 者,
 유, 사리불 ! 불필 시좌 위 연좌 야 。부 연좌 자,

不於 三界 現 身意, 是爲 宴坐 ；
불어 삼계 현 신의, 시위 연좌 ;

不起 滅定 而現 諸 威儀, 是爲 宴坐 ；
불기 멸정 이현 제 위의, 시위 연좌 ;

不捨 道法 而現 凡夫事, 是爲 宴坐 ；
불사 도법 이현 범부사, 시위 연좌 ;

心 不住 內 亦 不在 外, 是爲 宴坐 ；
심 부주 내 역 부재 외, 시위 연좌 ;

於 諸見 不動 而 修行 三十七品, 是爲 宴坐 ；
어 제견 부동 이 수행 삼십칠품, 시위 연좌 ;

不斷 煩惱 而入 涅槃 。是爲 宴坐 。
부단 번뇌 이입 열반 。시위 연좌 。

若能 如是 坐者, 佛 所 印可 。』
약능 여시 좌자, 불 소 인가 。

時我, 世尊！聞說 是語, 默然 而止, 不能 加報, 故 我 不任 詣彼 問疾 。」
시아, 세존！문설 시어, 묵연 이지, 불능 가보, 고 아 불임 예피 문질 。

2. 불이좌선 경문해석 不二坐禪 經文解釋

그때에 유마대사는 생각했습니다.

'앓고 누워있으니 부처님께서 어찌 자비심을 베푸시지 않겠는가!'

부처님이 유마대사의 마음을 아시고 곧바로 사리불에게 말씀하시기를

"사리불이여, 그대가 유마대사의 문병을 다녀오게!"

사리불이 부처님께 대답하기를,

"부처님이시여! 저는 가서 뵙고 문병을 감당하기가 어렵습니다. 왜냐하면 옛날에 이런 일이 있었기 때문입니다. 제가 숲 속의 나무 아래 앉아 참선하고 있을 때 유마대사가 와서 이렇게 말씀하였습니다.

'사리불존자여!

반드시 이렇게 앉는 것만이 좌선은 아닙니다.

마음과 몸이 삼계三界에 나타나지 않는 것이 좌선입니다.

멸정滅定에서 모든 위의威儀를 나타내는 것이 좌선입니다.

도법道法을 버리지 않고 범부사凡夫事를 나타내는 것이 좌선입니다.

마음이 안에 있지도 않고 밖에 있지도 않는 것이 좌선입니다.

제견諸見에 부동不動하면서 삼십칠도품을 수행하는 것이 좌선입니다.

번뇌煩惱를 끊지 않고 열반涅槃에 드는 것이 좌선입니다.'

부처님이시여! 제가 그때 이 말씀을 듣고 감히 대답을 하지 못했습니다. 그러므로 저는 유마대사에게 가서 문병할 수가 없습니다."

3. 불이좌선 경문사경 不二坐禪 經文寫經

	布施	持戒	忍辱	精進	禪定	智慧
爾	爾	爾	爾			
時	時	時	時			
長	長	長	長			
者	者	者	者			
維	維	維	維			
摩	摩	摩	摩			
詰	詰	詰	詰			
自	自	自	自			
念	念	念	念			
寢	寢	寢	寢			
	보시	지계	인욕	정진	선정	지혜

	布施	持戒	忍辱	精進	禪定	智慧
疾	疾	疾	疾			
於	於	於	於			
牀	牀	牀	牀			
世	世	世	世			
尊	尊	尊	尊			
大	大	大	大			
慈	慈	慈	慈			
寧	寧	寧	寧			
不	不	不	不			
垂	垂	垂	垂			
	보시	지계	인욕	정진	선정	지혜

	布施	持戒	忍辱	精進	禪定	智慧
愍	愍	愍	愍			
佛	佛	佛	佛			
知	知	知	知			
其	其	其	其			
意	意	意	意			
卽	卽	卽	卽			
告	告	告	告			
舍	舍	舍	舍			
利	利	利	利			
弗	弗	弗	弗			
	보시	지계	인욕	정진	선정	지혜

3. 불이좌선편

	布施	持戒	忍辱	精進	禪定	智慧
汝	汝	汝	汝			
行	行	行	行			
詣	詣	詣	詣			
維	維	維	維			
摩	摩	摩	摩			
詰	詰	詰	詰			
問	問	問	問			
疾	疾	疾	疾			
舍	舍	舍	舍			
利	利	利	利			
	보시	지계	인욕	정진	선정	지혜

	布施	持戒	忍辱	精進	禪定	智慧
弗	弗	弗	弗			
白	白	白	白			
佛	佛	佛	佛			
言	言	言	言			
世	世	世	世			
尊	尊	尊	尊			
我	我	我	我			
不	不	不	不			
堪	堪	堪	堪			
任	任	任	任			
	보시	지계	인욕	정진	선정	지혜

	布施	持戒	忍辱	精進	禪定	智慧
詣	詣	詣	詣			
彼	彼	彼	彼			
問	問	問	問			
疾	疾	疾	疾			
所	所	所	所			
以	以	以	以			
者	者	者	者			
何	何	何	何			
憶	憶	憶	憶			
念	念	念	念			
	보시	지계	인욕	정진	선정	지혜

	布施	持戒	忍辱	精進	禪定	智慧
我	我	我	我			
昔	昔	昔	昔			
曾	曾	曾	曾			
於	於	於	於			
林	林	林	林			
中	中	中	中			
宴	宴	宴	宴			
坐	坐	坐	坐			
樹	樹	樹	樹			
下	下	下	下			
	보시	지계	인욕	정진	선정	지혜

3. 불이좌선편

	布施	持戒	忍辱	精進	禪定	智慧
時	時	時	時			
維	維	維	維			
摩	摩	摩	摩			
詰	詰	詰	詰			
來	來	來	來			
謂	謂	謂	謂			
我	我	我	我			
言	言	言	言			
唯	唯	唯	唯			
舍	舍	舍	舍			
	보시	지계	인욕	정진	선정	지혜

	布施	持戒	忍辱	精進	禪定	智慧
利	利	利	利			
弗	弗	弗	弗			
不	不	不	不			
必	必	必	必			
是	是	是	是			
坐	坐	坐	坐			
爲	爲	爲	爲			
宴	宴	宴	宴			
坐	坐	坐	坐			
也	也	也	也			
	보시	지계	인욕	정진	선정	지혜

	布施	持戒	忍辱	精進	禪定	智慧
夫	夫	夫	夫			
宴	宴	宴	宴			
坐	坐	坐	坐			
者	者	者	者			
不	不	不	不			
於	於	於	於			
三	三	三	三			
界	界	界	界			
現	現	現	現			
身	身	身	身			
	보시	지계	인욕	정진	선정	지혜

	布施	持戒	忍辱	精進	禪定	智慧
意	意	意	意			
是	是	是	是			
爲	爲	爲	爲			
宴	宴	宴	宴			
坐	坐	坐	坐			
不	不	不	不			
起	起	起	起			
滅	滅	滅	滅			
定	定	定	定			
而	而	而	而			
	보시	지계	인욕	정진	선정	지혜

	布施	持戒	忍辱	精進	禪定	智慧
現	現	現	現			
諸	諸	諸	諸			
威	威	威	威			
儀	儀	儀	儀			
是	是	是	是			
爲	爲	爲	爲			
宴	宴	宴	宴			
坐	坐	坐	坐			
不	不	不	不			
捨	捨	捨	捨			
	보시	지계	인욕	정진	선정	지혜

	布施	持戒	忍辱	精進	禪定	智慧
道	道	道	道			
法	法	法	法			
而	而	而	而			
現	現	現	現			
凡	凡	凡	凡			
夫	夫	夫	夫			
事	事	事	事			
是	是	是	是			
爲	爲	爲	爲			
宴	宴	宴	宴			
	보시	지계	인욕	정진	선정	지혜

	布施	持戒	忍辱	精進	禪定	智慧
坐	坐	坐	坐			
心	心	心	心			
不	不	不	不			
住	住	住	住			
內	內	內	內			
亦	亦	亦	亦			
不	不	不	不			
在	在	在	在			
外	外	外	外			
是	是	是	是			
	보시	지계	인욕	정진	선정	지혜

	布施	持戒	忍辱	精進	禪定	智慧
爲	爲	爲	爲			
宴	宴	宴	宴			
坐	坐	坐	坐			
於	於	於	於			
諸	諸	諸	諸			
見	見	見	見			
不	不	不	不			
動	動	動	動			
而	而	而	而			
修	修	修	修			
	보시	지계	인욕	정진	선정	지혜

	布施	持戒	忍辱	精進	禪定	智慧
行	行	行	行			
三	三	三	三			
十	十	十	十			
七	七	七	七			
品	品	品	品			
是	是	是	是			
爲	爲	爲	爲			
宴	宴	宴	宴			
坐	坐	坐	坐			
不	不	不	不			
	보시	지계	인욕	정진	선정	지혜

	布施	持戒	忍辱	精進	禪定	智慧
斷	斷	斷	斷			
煩	煩	煩	煩			
惱	惱	惱	惱			
而	而	而	而			
入	入	入	入			
涅	涅	涅	涅			
槃	槃	槃	槃			
是	是	是	是			
爲	爲	爲	爲			
宴	宴	宴	宴			
	보시	지계	인욕	정진	선정	지혜

3. 불이좌선편

	布施	持戒	忍辱	精進	禪定	智慧
坐	坐	坐	坐			
若	若	若	若			
能	能	能	能			
如	如	如	如			
是	是	是	是			
坐	坐	坐	坐			
者	者	者	者			
佛	佛	佛	佛			
所	所	所	所			
印	印	印	印			
	보시	지계	인욕	정진	선정	지혜

	布施	持戒	忍辱	精進	禪定	智慧
可	可	可	可			
時	時	時	時			
我	我	我	我			
世	世	世	世			
尊	尊	尊	尊			
聞	聞	聞	聞			
說	說	說	說			
是	是	是	是			
語	語	語	語			
默	默	默	默			
	보시	지계	인욕	정진	선정	지혜

3. 불이좌선편

	布施	持戒	忍辱	精進	禪定	智慧
然	然	然	然			
而	而	而	而			
止	止	止	止			
不	不	不	不			
能	能	能	能			
加	加	加	加			
報	報	報	報			
故	故	故	故			
我	我	我	我			
不	不	不	不			
	보시	지계	인욕	정진	선정	지혜

	布施	持戒	忍辱	精進	禪定	智慧
任	任	任	任			
詣	詣	詣	詣			
彼	彼	彼	彼			
問	問	問	問			
疾	疾	疾	疾			
	보시	지계	인욕	정진	선정	지혜

3. 불이좌선편

4

직심도량편 사경수행
直心道場篇 寫經修行

1. 직심도량 경문낭독 直心道場 經文朗讀

佛告 光嚴童子：「汝 行詣 維摩詰 問疾 。」
불고 광엄동자：　여 행예 유마힐 문질 。

光嚴 白佛言：「世尊！我 不堪任 詣彼 問疾 。所以者何？
광엄 백불언：　세존！아 불감임 예피 문질 。소이자하？

憶念 我昔 出 毗耶離 大城， 時 維摩詰 方 入城，
억념 아석 출 비야리 대성， 시 유마힐 방 입성，

我 卽爲 作禮 而 問言：『居士 從 何所 來？』
아 즉위 작례 이 문언：　거사 종 하소 래？

答我言：『吾 從 道場 來 。』
답아언：　오 종 도량 래 。

我問：『道場 者 何所是？』
아문：　도량 자 하소시？

答曰：『直心 是 道場， 無 虛假 故；
답왈：　직심 시 도량， 무 허가 고；

發行 是 道場， 能 辨事 故； 深心 是 道場， 增益 功德 故；
발행 시 도량， 능 판사 고； 심심 시 도량， 증익 공덕 고；

菩提心 是 道場， 無 錯謬 故； 布施 是 道場， 不望 報 故；
보리심 시 도량， 무 착류 고； 보시 시 도량， 불망 보 고；

持戒 是 道場， 得願 具 故； 忍辱 是 道場， 於 諸 衆生心 無閡 故；
지계 시 도량， 득원 구 고； 인욕 시 도량， 어 제 중생심 무애 고；

精進 是 道場， 不 懈退 故； 禪定 是 道場， 心 調柔 故；
정진 시 도량， 불 해퇴 고； 선정 시 도량， 심 조유 고；

智慧 是 道場, 現見 諸法 故 ; 慈 是 道場, 等 衆生 故 ;
지혜 시 도량, 현견 제법 고 ; 자 시 도량, 등 중생 고 ;

悲 是 道場, 忍 疲苦 故 ; 喜 是 道場, 悅樂 法 故 ;
비 시 도량, 인 피고 고 ; 희 시 도량, 열락 법 고 ;

捨 是 道場, 憎愛 斷 故 ; 神通 是 道場, 成就 六通 故 ;
사 시 도량, 증애 단 고 ; 신통 시 도량, 성취 육통 고 ;

解脫 是 道場, 能 背捨 故 ; 方便 是 道場, 敎化 衆生 故 ;
해탈 시 도량, 능 배사 고 ; 방편 시 도량, 교화 중생 고 ;

四攝 是 道場, 攝 衆生 故 ; 多聞 是 道場, 如聞 行 故 ;
사섭 시 도량, 섭 중생 고 ; 다문 시 도량, 여문 행 고 ;

伏心 是 道場, 正觀 諸法 故 ; 三十七品 是 道場, 捨 有爲法 故 ;
복심 시 도량, 정관 제법 고 ; 삼십칠품 시 도량, 사 유위법 고 ;

諦 是 道場, 不誑 世間 故 ; 緣起 是 道場, 無明 乃至 老死 皆 無盡 故 ;
제 시 도량, 불광 세간 고 ; 연기 시 도량, 무명 내지 노사 개 무진 고 ;

諸 煩惱 是 道場, 知 如實 故 ; 衆生 是 道場, 知 無我 故 ;
제 번뇌 시 도량, 지 여실 고 ; 중생 시 도량, 지 무아 고 ;

一切法 是 道場, 知 諸法 空 故 ; 降魔 是 道場, 不 傾動 故 ;
일체법 시 도량, 지 제법 공 고 ; 항마 시 도량, 불 경동 고 ;

三界 是 道場, 無 所趣 故 ; 師子吼 是 道場, 無 所畏 故 ;
삼계 시 도량, 무 소취 고 ; 사자후 시 도량, 무 소외 고 ;

力 無畏 不共法 是 道場, 無 諸過 故 ; 三明 是 道場, 無 餘閡 故 ;
역 무외 불공법 시 도량, 무 제과 고 ; 삼명 시 도량, 무 여애 고 ;

一念 知 一切法 是 道場, 成 一切智 故 。
일념 지 일체법 시 도량, 성 일체지 고 。

如是, 善男子 !
여시, 선남자 !

菩薩．若應．諸．波羅密．敎化．衆生，諸．有．所作，擧足．下足，
보살．약응．제．바라밀．교화．중생，제．유．소작，거족．하족，

當知．皆．從．道場．來，住於．佛法．矣 』
당지．개．종．도량．래，주어．불법．의 。

說．是法．時，五百．天人．皆．發．阿耨多羅三藐三菩提心 。
설．시법．시，오백．천인．개．발．아뇩다라삼먁삼보리심 。

故．我．不任．詣彼．問疾 。」
고．아．불임．예피．문질 。

2. 직심도량 경문해석 直心道場 經文解釋

부처님께서 광엄보살에게 말씀하시기를,
"그대가 유마대사에게 문병을 다녀오게!"
광엄보살이 부처님께 말씀드리기를,
"제가 그 책임을 감당할 수 없습니다. 왜냐하면 옛날에 이런 일이 있었기 때문입니다. 제가 비야리성 밖으로 나가고 있을 때 유마대사가 성 안으로 들어왔습니다.
인사드린 다음 물었습니다.
'유마대사님! 어디 다녀오세요?'
'도량에 다녀오지!'
'도량이 어디인데요?'
그때 유마대사가 도량에 대해 다음과 같이 말씀하셨습니다.

'광엄보살이여!
직심直心이 곧 도량이지, 거짓이 없으니까.
발행發行이 곧 도량이지, 일을 잘 처리할 수 있으니.
깊은 마음이 곧 도량이지, 공덕을 더욱 향상시키니.
보리심菩提心이 곧 도량이지, 조금도 잘못됨이 없으니.

보시布施가 곧 도량이지, 보답을 바라는 마음이 없으니.
지계持戒가 곧 도량이지, 소원이 모두 구족되니까.
인욕忍辱이 곧 도량이지, 어떤 중생을 대하더라도 마음에 걸림이 없으니.

정진精進이 곧 도량이지, 게으르거나 물러섬이 없으니.

선정禪定이 곧 도량이지, 마음이 조화롭고 부드러우니.

지혜智慧가 곧 도량이지, 모든 법상法相을 뚜렷이 알고 있으니.

자慈가 곧 도량이지, 중생에게 평등하니.

비悲가 곧 도량이지, 피로와 고통을 인내하니.

희喜가 곧 도량이지, 즐거움 마음과 함께하니.

사捨가 곧 도량이지, 증애심이 없으니.

신통神通이 곧 도량이지, 육신통을 성취했으니.

해탈解脫이 곧 도량이지, 얽매임이 없으니.

방편方便이 곧 도량이지, 중생을 이롭게 하니.

사섭四攝이 곧 도량이지, 중생을 섭화하니.

다문多聞이 곧 도량이지, 들은 바대로 실천하니.

복심伏心이 곧 도량이지, 제법諸法을 정관正觀하니.

삼십칠도품三十七道品이 곧 도량이지, 유위법有爲法을 다 버리니.

사제四諦가 곧 도량이지, 세상을 속이는 일이 없으니.

연기緣起가 곧 도량이지, 무명無明에서 노사老死까지 모두 무진無盡하기에.

번뇌煩惱가 곧 도량이지, 여실如實함을 알기에.

중생衆生이 곧 도량이지, 무아無我임을 알기에.

일체법一切法이 곧 도량이지, 제법이 공空함을 알기에.

항마降魔가 곧 도량이지, 동요하지 않기에.

삼계三界가 곧 도량이지, 가는 바가 없기에.

사자후獅子吼가 곧 도량이지, 두려움이 없기에.

십력十力과 사무소외四無所畏와 십팔불공법十八不共法이 곧 도량이지, 허물이 없기에.

삼명三明이 곧 도량이지, 걸림이 없으니.

일념一念으로 일체법을 아는 것이 곧 도량이지, 일체지一切智를 성취하기에.

광엄보살이여!

이와 같이 보살이 모든 바라밀과 상응하면서 중생을 교화할 때 말과 행동이 모두 도량에서 비롯되어 나와 부처님의 가르침에 머무는 것입니다.'

이렇게 설법할 때 오백 명의 천인이 모두 아뇩다라삼먁삼보리심을 발했습니다.

그러므로 제가 감히 유마대사님 문병을 갈 수 없습니다."

3. 직심도량 경문사경 直心道場 經文寫經

	布施	持戒	忍辱	精進	禪定	智慧
佛	佛	佛	佛			
告	告	告	告			
光	光	光	光			
嚴	嚴	嚴	嚴			
童	童	童	童			
子	子	子	子			
汝	汝	汝	汝			
行	行	行	行			
詣	詣	詣	詣			
維	維	維	維			
	보시	지계	인욕	정진	선정	지혜

	布施	持戒	忍辱	精進	禪定	智慧
摩	摩	摩	摩			
詰	詰	詰	詰			
問	問	問	問			
疾	疾	疾	疾			
光	光	光	光			
嚴	嚴	嚴	嚴			
白	白	白	白			
佛	佛	佛	佛			
言	言	言	言			
世	世	世	世			
	보시	지계	인욕	정진	선정	지혜

	布施	持戒	忍辱	精進	禪定	智慧
尊	尊	尊	尊			
我	我	我	我			
不	不	不	不			
堪	堪	堪	堪			
任	任	任	任			
詣	詣	詣	詣			
彼	彼	彼	彼			
問	問	問	問			
疾	疾	疾	疾			
所	所	所	所			
	보시	지계	인욕	정진	선정	지혜

	布施	持戒	忍辱	精進	禪定	智慧
以	以	以	以			
者	者	者	者			
何	何	何	何			
憶	憶	憶	憶			
念	念	念	念			
我	我	我	我			
昔	昔	昔	昔			
出	出	出	出			
毗	毗	毗	毗			
耶	耶	耶	耶			
	보시	지계	인욕	정진	선정	지혜

4. 직심도량편

	布施	持戒	忍辱	精進	禪定	智慧
離	離	離	離			
大	大	大	大			
城	城	城	城			
時	時	時	時			
維	維	維	維			
摩	摩	摩	摩			
詰	詰	詰	詰			
方	方	方	方			
入	入	入	入			
城	城	城	城			
	보시	지계	인욕	정진	선정	지혜

	布施	持戒	忍辱	精進	禪定	智慧
我	我	我	我			
卽	卽	卽	卽			
爲	爲	爲	爲			
作	作	作	作			
禮	禮	禮	禮			
而	而	而	而			
問	問	問	問			
言	言	言	言			
居	居	居	居			
士	士	士	士			
	보시	지계	인욕	정진	선정	지혜

	布施	持戒	忍辱	精進	禪定	智慧
從	從	從	從			
何	何	何	何			
所	所	所	所			
來	來	來	來			
答	答	答	答			
我	我	我	我			
言	言	言	言			
吾	吾	吾	吾			
從	從	從	從			
道	道	道	道			
	보시	지계	인욕	정진	선정	지혜

	布施	持戒	忍辱	精進	禪定	智慧
場	場	場	場			
來	來	來	來			
我	我	我	我			
問	問	問	問			
道	道	道	道			
場	場	場	場			
者	者	者	者			
何	何	何	何			
所	所	所	所			
是	是	是	是			
	보시	지계	인욕	정진	선정	지혜

	布施	持戒	忍辱	精進	禪定	智慧
答	答	答	答			
曰	曰	曰	曰			
直	直	直	直			
心	心	心	心			
是	是	是	是			
道	道	道	道			
場	場	場	場			
無	無	無	無			
虛	虛	虛	虛			
假	假	假	假			
	보시	지계	인욕	정진	선정	지혜

	布施	持戒	忍辱	精進	禪定	智慧
故	故	故	故			
發	發	發	發			
行	行	行	行			
是	是	是	是			
道	道	道	道			
場	場	場	場			
能	能	能	能			
辦	辦	辦	辦			
事	事	事	事			
故	故	故	故			
	보시	지계	인욕	정진	선정	지혜

	布施	持戒	忍辱	精進	禪定	智慧
深	深	深	深			
心	心	心	心			
是	是	是	是			
道	道	道	道			
場	場	場	場			
增	增	增	增			
益	益	益	益			
功	功	功	功			
德	德	德	德			
故	故	故	故			
	보시	지계	인욕	정진	선정	지혜

	布施	持戒	忍辱	精進	禪定	智慧
菩	菩	菩	菩			
提	提	提	提			
心	心	心	心			
是	是	是	是			
道	道	道	道			
場	場	場	場			
無	無	無	無			
錯	錯	錯	錯			
謬	謬	謬	謬			
故	故	故	故			
	보시	지계	인욕	정진	선정	지혜

	布施	持戒	忍辱	精進	禪定	智慧
布	布	布	布			
施	施	施	施			
是	是	是	是			
道	道	道	道			
場	場	場	場			
不	不	不	不			
望	望	望	望			
報	報	報	報			
故	故	故	故			
持	持	持	持			
	보시	지계	인욕	정진	선정	지혜

	布施	持戒	忍辱	精進	禪定	智慧
戒	戒	戒	戒			
是	是	是	是			
道	道	道	道			
場	場	場	場			
得	得	得	得			
願	願	願	願			
具	具	具	具			
故	故	故	故			
忍	忍	忍	忍			
辱	辱	辱	辱			
	보시	지계	인욕	정진	선정	지혜

4. 직심도량편

	布施	持戒	忍辱	精進	禪定	智慧
是	是	是	是			
道	道	道	道			
場	場	場	場			
於	於	於	於			
諸	諸	諸	諸			
衆	衆	衆	衆			
生	生	生	生			
心	心	心	心			
無	無	無	無			
閡	閡	閡	閡			
	보시	지계	인욕	정진	선정	지혜

	布施	持戒	忍辱	精進	禪定	智慧
故	故	故	故			
精	精	精	精			
進	進	進	進			
是	是	是	是			
道	道	道	道			
場	場	場	場			
不	不	不	不			
懈	懈	懈	懈			
退	退	退	退			
故	故	故	故			
	보시	지계	인욕	정진	선정	지혜

	布施	持戒	忍辱	精進	禪定	智慧
禪	禪	禪	禪			
定	定	定	定			
是	是	是	是			
道	道	道	道			
場	場	場	場			
心	心	心	心			
調	調	調	調			
柔	柔	柔	柔			
故	故	故	故			
智	智	智	智			
	보시	지계	인욕	정진	선정	지혜

	布施	持戒	忍辱	精進	禪定	智慧
慧	慧	慧	慧			
是	是	是	是			
道	道	道	道			
場	場	場	場			
現	現	現	現			
見	見	見	見			
諸	諸	諸	諸			
法	法	法	法			
故	故	故	故			
慈	慈	慈	慈			
	보시	지계	인욕	정진	선정	지혜

	布施	持戒	忍辱	精進	禪定	智慧
是	是	是	是			
道	道	道	道			
場	場	場	場			
等	等	等	等			
衆	衆	衆	衆			
生	生	生	生			
故	故	故	故			
悲	悲	悲	悲			
是	是	是	是			
道	道	道	道			
	보시	지계	인욕	정진	선정	지혜

	布施	持戒	忍辱	精進	禪定	智慧
場	場	場	場			
忍	忍	忍	忍			
疲	疲	疲	疲			
苦	苦	苦	苦			
故	故	故	故			
喜	喜	喜	喜			
是	是	是	是			
道	道	道	道			
場	場	場	場			
悅	悅	悅	悅			
	보시	지계	인욕	정진	선정	지혜

4. 직심도량편

	布施	持戒	忍辱	精進	禪定	智慧
樂	樂	樂	樂			
法	法	法	法			
故	故	故	故			
捨	捨	捨	捨			
是	是	是	是			
道	道	道	道			
場	場	場	場			
憎	憎	憎	憎			
愛	愛	愛	愛			
斷	斷	斷	斷			
	보시	지계	인욕	정진	선정	지혜

	布施	持戒	忍辱	精進	禪定	智慧
故	故	故	故			
神	神	神	神			
通	通	通	通			
是	是	是	是			
道	道	道	道			
場	場	場	場			
成	成	成	成			
就	就	就	就			
六	六	六	六			
通	通	通	通			
	보시	지계	인욕	정진	선정	지혜

	布施	持戒	忍辱	精進	禪定	智慧
故	故	故	故			
解	解	解	解			
脫	脫	脫	脫			
是	是	是	是			
道	道	道	道			
場	場	場	場			
能	能	能	能			
背	背	背	背			
捨	捨	捨	捨			
故	故	故	故			
	보시	지계	인욕	정진	선정	지혜

	布施	持戒	忍辱	精進	禪定	智慧
方	方	方	方			
便	便	便	便			
是	是	是	是			
道	道	道	道			
場	場	場	場			
敎	敎	敎	敎			
化	化	化	化			
衆	衆	衆	衆			
生	生	生	生			
故	故	故	故			
	보시	지계	인욕	정진	선정	지혜

4. 직심도량편

	布施	持戒	忍辱	精進	禪定	智慧
四	四	四	四			
攝	攝	攝	攝			
是	是	是	是			
道	道	道	道			
場	場	場	場			
攝	攝	攝	攝			
衆	衆	衆	衆			
生	生	生	生			
故	故	故	故			
多	多	多	多			
	보시	지계	인욕	정진	선정	지혜

	布施	持戒	忍辱	精進	禪定	智慧
聞	聞	聞	聞			
是	是	是	是			
道	道	道	道			
場	場	場	場			
如	如	如	如			
聞	聞	聞	聞			
行	行	行	行			
故	故	故	故			
伏	伏	伏	伏			
心	心	心	心			
	보시	지계	인욕	정진	선정	지혜

	布施	持戒	忍辱	精進	禪定	智慧
是	是	是	是			
道	道	道	道			
場	場	場	場			
正	正	正	正			
觀	觀	觀	觀			
諸	諸	諸	諸			
法	法	法	法			
故	故	故	故			
三	三	三	三			
十	十	十	十			
	보시	지계	인욕	정진	선정	지혜

	布施	持戒	忍辱	精進	禪定	智慧
七	七	七	七			
品	品	品	品			
是	是	是	是			
道	道	道	道			
場	場	場	場			
捨	捨	捨	捨			
有	有	有	有			
爲	爲	爲	爲			
法	法	法	法			
故	故	故	故			
	보시	지계	인욕	정진	선정	지혜

4. 직심도량편

	布施	持戒	忍辱	精進	禪定	智慧
諦	諦	諦	諦			
是	是	是	是			
道	道	道	道			
場	場	場	場			
不	不	不	不			
誑	誑	誑	誑			
世	世	世	世			
間	間	間	間			
故	故	故	故			
緣	緣	緣	緣			
	보시	지계	인욕	정진	선정	지혜

	布施	持戒	忍辱	精進	禪定	智慧
起	起	起	起			
是	是	是	是			
道	道	道	道			
場	場	場	場			
無	無	無	無			
明	明	明	明			
乃	乃	乃	乃			
至	至	至	至			
老	老	老	老			
死	死	死	死			
	보시	지계	인욕	정진	선정	지혜

	布施	持戒	忍辱	精進	禪定	智慧
皆	皆	皆	皆			
無	無	無	無			
盡	盡	盡	盡			
故	故	故	故			
諸	諸	諸	諸			
煩	煩	煩	煩			
惱	惱	惱	惱			
是	是	是	是			
道	道	道	道			
場	場	場	場			
	보시	지계	인욕	정진	선정	지혜

	布施	持戒	忍辱	精進	禪定	智慧
知	知	知	知			
如	如	如	如			
實	實	實	實			
故	故	故	故			
衆	衆	衆	衆			
生	生	生	生			
是	是	是	是			
道	道	道	道			
場	場	場	場			
知	知	知	知			
	보시	지계	인욕	정진	선정	지혜

	布施	持戒	忍辱	精進	禪定	智慧
無	無	無	無			
我	我	我	我			
故	故	故	故			
一	一	一	一			
切	切	切	切			
法	法	法	法			
是	是	是	是			
道	道	道	道			
場	場	場	場			
知	知	知	知			
	보시	지계	인욕	정진	선정	지혜

	布施	持戒	忍辱	精進	禪定	智慧
諸	諸	諸	諸			
法	法	法	法			
空	空	空	空			
故	故	故	故			
降	降	降	降			
魔	魔	魔	魔			
是	是	是	是			
道	道	道	道			
場	場	場	場			
不	不	不	不			
	보시	지계	인욕	정진	선정	지혜

	布施	持戒	忍辱	精進	禪定	智慧
傾	傾	傾	傾			
動	動	動	動			
故	故	故	故			
三	三	三	三			
界	界	界	界			
是	是	是	是			
道	道	道	道			
場	場	場	場			
無	無	無	無			
所	所	所	所			
	보시	지계	인욕	정진	선정	지혜

	布施	持戒	忍辱	精進	禪定	智慧
趣	趣	趣	趣			
故	故	故	故			
師	師	師	師			
子	子	子	子			
吼	吼	吼	吼			
是	是	是	是			
道	道	道	道			
場	場	場	場			
無	無	無	無			
所	所	所	所			
	보시	지계	인욕	정진	선정	지혜

	布施	持戒	忍辱	精進	禪定	智慧
畏	畏	畏	畏			
故	故	故	故			
力	力	力	力			
無	無	無	無			
畏	畏	畏	畏			
不	不	不	不			
共	共	共	共			
法	法	法	法			
是	是	是	是			
道	道	道	道			
	보시	지계	인욕	정진	선정	지혜

	布施	持戒	忍辱	精進	禪定	智慧
場	場	場	場			
無	無	無	無			
諸	諸	諸	諸			
過	過	過	過			
故	故	故	故			
三	三	三	三			
明	明	明	明			
是	是	是	是			
道	道	道	道			
場	場	場	場			
	보시	지계	인욕	정진	선정	지혜

	布施	持戒	忍辱	精進	禪定	智慧
無	無	無	無			
餘	餘	餘	餘			
閡	閡	閡	閡			
故	故	故	故			
一	一	一	一			
念	念	念	念			
知	知	知	知			
一	一	一	一			
切	切	切	切			
法	法	法	法			
	보시	지계	인욕	정진	선정	지혜

	布施	持戒	忍辱	精進	禪定	智慧
是	是	是	是			
道	道	道	道			
場	場	場	場			
成	成	成	成			
一	一	一	一			
切	切	切	切			
智	智	智	智			
故	故	故	故			
如	如	如	如			
是	是	是	是			
	보시	지계	인욕	정진	선정	지혜

4. 직심도량편

	布施	持戒	忍辱	精進	禪定	智慧
善	善	善	善			
男	男	男	男			
子	子	子	子			
菩	菩	菩	菩			
薩	薩	薩	薩			
若	若	若	若			
應	應	應	應			
諸	諸	諸	諸			
波	波	波	波			
羅	羅	羅	羅			
	보시	지계	인욕	정진	선정	지혜

	布施	持戒	忍辱	精進	禪定	智慧
密	密	密	密			
教	教	教	教			
化	化	化	化			
衆	衆	衆	衆			
生	生	生	生			
諸	諸	諸	諸			
有	有	有	有			
所	所	所	所			
作	作	作	作			
擧	擧	擧	擧			
	보시	지계	인욕	정진	선정	지혜

	布施	持戒	忍辱	精進	禪定	智慧
足	足	足	足			
下	下	下	下			
足	足	足	足			
當	當	當	當			
知	知	知	知			
皆	皆	皆	皆			
從	從	從	從			
道	道	道	道			
場	場	場	場			
來	來	來	來			
	보시	지계	인욕	정진	선정	지혜

	布施	持戒	忍辱	精進	禪定	智慧
住	住	住	住			
於	於	於	於			
佛	佛	佛	佛			
法	法	法	法			
矣	矣	矣	矣			
說	說	說	說			
是	是	是	是			
法	法	法	法			
時	時	時	時			
五	五	五	五			
	보시	지계	인욕	정진	선정	지혜

	布施	持戒	忍辱	精進	禪定	智慧
百	百	百	百			
天	天	天	天			
人	人	人	人			
皆	皆	皆	皆			
發	發	發	發			
阿	阿	阿	阿			
耨	耨	耨	耨			
多	多	多	多			
羅	羅	羅	羅			
三	三	三	三			
	보시	지계	인욕	정진	선정	지혜

	布施	持戒	忍辱	精進	禪定	智慧
藐	藐	藐	藐			
三	三	三	三			
菩	菩	菩	菩			
提	提	提	提			
心	心	心	心			
故	故	故	故			
我	我	我	我			
不	不	不	不			
任	任	任	任			
詣	詣	詣	詣			
	보시	지계	인욕	정진	선정	지혜

	布施	持戒	忍辱	精進	禪定	智慧
彼	彼	彼	彼			
問	問	問	問			
疾	疾	疾	疾			
	보시	지계	인욕	정진	선정	지혜

■ 회향게 迴向偈 ■

願以此功德　　普及於一切　　我等與衆生
當生極樂國　　同見無量壽　　究竟成佛道

원컨대 이 공덕 무진법계에 회향하오니,
우리와 모든 중생들이 극락에 왕생하여
함께 아미타불 친견하고,
끝내는 부처 이루어 지이다.

시방세계 삼보님께 지극정성으로 발원하옵니다.
저의 유마경 사경수행으로
시방세계 모든 중생이
육바라밀의 불이정신을 성취하게 하소서!
시방세계 모든 중생이
생사해탈의 자재인생을 성취하게 하소서!
시방세계 모든 중생이
유마회상의 불이법문을 성취하게 하소서!

발 원 문

- 사경일자: 불기   년   월   일

- 사 경 자:

- 사경감수: